Thèse

Pour le doctorat

Victor Grouille

Droit Français

Du contrat de mariage.

Paris

1842.

FACULTÉ DE DROIT DE PARIS.

THÈSE

POUR LE DOCTORAT.

L'acte public sur les matières ci-après sera soutenu,
le lundi 1er août 1842, à 3 heures,

PAR VICTOR GROUALLE, AVOCAT,

NÉ A SAINT-LÔ (MANCHE).

PRÉSIDENT,	M. PERREYVE,	professeur;
	MM. PELLAT,	
SUFFRAGANTS,	VALETTE,	professeurs ;
	ORTOLAN,	
	BONNIER,	suppléant.

Le candidat répondra, en outre, aux questions qui lui seront
faites sur les autres matières de l'enseignement.

PARIS,
IMPRIMERIE DE Mme Ve BOUCHARD-HUZARD,
RUE DE L'ÉPERON-SAINT-ANDRÉ-DES-ARCS, N° 7.

1842.

A LA MÉMOIRE DE MA MÈRE;

A MON PÈRE,
avocat, adjoint au maire de Saint-Lô;

A MON ONCLE,
avocat, juge de paix de la ville et du canton de Saint-Lô;

A MON COUSIN,
percepteur de contributions directes.

JUS ROMANUM.

De jure dotium. Dig., lib. xxiii, tit. iii.
De pactis dotalibus. Dig., lib. xxiii, tit. iv.
De fundo dotali. Dig., lib. xxiii, tit. v.

DROIT FRANÇAIS.

Du contrat de mariage, C. civ., liv. iii, tit. v, chap. 1er, art. 1387 à 1398; — chap. 2e, sect. 9, art. 1526 à 1539; — chap. 3e, art. 1540 à 1581.

JUS ROMANUM.

De jure dotium. Dig. lib. xxiii, tit. iii.
De pactis dotalibus. Dig. lib. xxiii, tit. iv.
De fundo dotali. Dig. lib. xxiii, tit. v.

Dos, in extenso, ita definiri potest, scilicet conventio qua res aut pecunia certa propter uxorem, ad onera matrimonii sustinenda, pervenit ad maritum. — Alias quoque ad causam, conditionemque, naturam, ingenium et privilegia dotium, id est, ut ait titulus noster, ad *jus dotis* hoc verbum refertur. — Vulgo autem dos accipitur non pro conventione, sed pro re et pecunia quæ in conventione venit, et igitur definiri solet, quæ a muliere vel ab alio mulieris nomine, ut matrimonii oneribus inserviat, marito datur aut promittitur. Et e contrario *Paraphernalia* appellantur, quæ mulier extra dotem habet; appellantur, etiam *Receptitia,* quippe ea, quando dat mulier dotem marito, ex suis bonis retinet, neque ad virum transmittit.

Ex his jam supradictis definitionibus consequi recte poteris, non esse dotem ubicumque matrimonii nomen non est. Justinianus igitur, iis quæ sunt impedimento nuptiis longius expositis, ad § 12, Inst., lib. 1, t. 10, ita loquitur : « Si adversus ea

« quæ diximus aliqui coierint, nec vir, nec uxor, nec nuptiæ,
« nec matrimonium, nec *dos* intelligitur. »

Jam etiam ex his recte dices, stipulationem vel dationem quæ
fit propter causam dotis, in se hanc conditionem tacitam habere :
Si nuptiæ secutæ fuerint. Si ergo res in dotem dederit mulier,
ut efficiantur mariti quum nuptiæ secutæ fuerint, nuntio
remisso eas vindicare potest. Si dederit vero ut sponsi statim
fiant, nuptiis non secutis, condictionem habet causa data causa
non secuta. Si etiam res dotales ante matrimonium æstimatæ
fuerint, quamvis æstimatio pro venditione habenda sit, secutis
tantum nuptiis, perficitur et fit vera venditio : et inde si ante
nuptias res perierint, damnum erit mulieris, nam pendente
conditione mors contingens venditionem extinguit. — Sic
quoque si quis dotem promiserit, nuptiis non secutis ex stipulatu agi non potest, quippe eleganter ait Paulus magis rem, id
est quod agitur inter contrahentes aut eorum sententiam et
mentem, intuendam esse quam verba. — Et ea quæ diximus
acceptilationi pertinent, scilicet cum debitori sponso accepto
fertur dotis constituendæ causa : nec mihi objicies actus legi-
timos et ideo acceptilationes, per conditionis adjectionem
vitiari, quippe etenim per expressam vitiantur, sed tacitam
accipiunt.

Atque quidem ex nostris definitionibus consequi poteris,
licet dotis exactionem in diem differri liceat, tamen in id
tempus stipulari, quo matrimonium futurum non est, haud
quoquam permissum fuisse. Valet itaque stipulatio qua pater
filiæ nomine centum doti promisit ita : *quum commodissimum
erit.* Valet etiam si *quum morieris dotis nomine tot dari spondes.*
Sed non valere dicendum est, si ita promiserit mulier, nempe
matrimonium morte solvitur. — Si facta fuerit stipulatio talis :
Decem in anno proximo dotis nomine dare spondes ; ex die nuptiarum numerandum est, ne, si intra annum non factæ sint
nuptiæ, videri possit dos ex ea obligatione non deberi.

Denique ex definitione dotis notare debeo, maritum, quamvis
sit donationis species constitutio dotis, tamen ex causa onerosa
creditorem videri, quia ex dote onera matrimonii subiturus
est. Si quis ergo falso existimans se debitorem esse, marito
dotis nomine stipulanti promiserit, cogetur ei solvere, con-

dictione tamen illi competente adversus vel patrem vel filiam a quo delegatus fuerit.

I. — His ita præmissis, dispiciendum est primum DE CONSTITUTIONE DOTIS.

Et mihi hæc præcipue notanda videntur :

1° Fit triplici modo constitutio dotis. Scribit Ulpianus etenim in frag., tit. VI : « Dos aut datur, aut dicitur, aut promittitur. »

2° Mulier ipsa dotem sibi constituere potest; potest etiam vel pater vel quivis alius;

3° In dotem constitui possunt omnia quæ dominio nostro subjiciuntur.

Jam de singulis multa persequor.

Vel ante nuptias, vel constante matrimonio, dos constitui potest; constitutam autem ante nuptias earum exspectare adventum patet.

Dos dari videtur, cum alicujus pecuniæ aliæve rei dotis causa dominium traditur marito. Sed nec est distinguendum an dantur vel quæ corporalia dicuntur vel incorporalia, veluti ususfructus aut nomen... nec etiam an transfertur dominium sive traditione naturali, sive consensu solo. — Sic igitur dos datur, si mulier cum marito debitore pacta sit, ut id quod sibi debeat habeat in dotem. Datur quoque quum debitori marito, dotis constituendæ causa, acceptum fertur.

Nos docet Gaius, verbis contrahi obligationes ex interrogatione dantis et responsione accipientis, ita ut si ille qui dat interroget : Hoc mihi dabis? qui accipit respondeat : Dabo. Sed nos docet etiam, et alias obligationes fuisse, ex quibus dictionem dotis, quæ nulla præcedente interrogatione contrahi poterant. Atque ex variis legibus et constitutionibus liquet dotem non aliter posse dici quam certis ac solemnibus verbis, quorum hæc formula fuisse videtur : *Decem tibi doti erunt. Fundus sempronianus tibi doti erit.* Ita a parte dicentis. Ex parte autem viri : *Accipio;* aut *Accipio conditionem.* — Non omnes vero dictione dotis obligabantur, tantum autem mulier quæ nuptura erat, vel debitor mulieris, si, jubente muliere, dixisset, quia

ipsamet dicere dotem videbatur; et præterea parens mulieris,
non cujuscumque sexus non cujuscumque cognationis, sed
parens virilis sexus per virilem sexum cognatione junctus,
veluti pater aut avus paternus. — Aliæ personæ, si pro muliere
dotem viro promittere voluissent, communi jure obligari debe-
bant, id est interrogatione et responsione. — Hæc ita scilicet
usque ad constit. Impp. Theod. et Valent., qua cautum est,
« qualiacumque sufficere verba, etiamsi dictio vel stipulatio in
« pollicitatione rerum dotalium minime fuerit subsecuta. »

Itaque promittitur dos vel stipulatione vel pollicitatione
nuda, et obligantur promissione dotis vel mulier, vel pater ejus.
vel quivis extraneus. — Non valde cæterum pollicitatio dotis
fieri potest, nisi certa sit res aut quantitas quæ promittitur,
quippe etenim stipulatio vel promissio quæ ad vilissimum
deduci potest, non consistere censetur. Verum certa videtur
promissio quando in boni viri arbitrium confertur; et hic est
addendum, cum pater dotem promittit, semper promissioni
inesse tacite arbitrium boni viri, cujus officium est constituere
dotem pro facultatibus patris et dignitate mariti : nec obstat
quod dicitur in Leg. 1, C. de prom. dot., nam Papinianus,
L. 69, § 4, ff. lib. 23, t. 3, quemadmodum respondendum sit
satis submonet. Pater etenim debet dotem filiæ tanquam æs
alienum, sicut notat Cujacius noster, et ideo quantum debeat
non est incertum, nam constituere debet pro modo patrimonii
sui et dignitate generis. — Dos promitti potest vel pure, vel ex
certo tempore vel certa conditione, dummodo tamen, ut jam
dixi, in id tempus quo matrimonium futurum non est, nun-
quam differatur exactio.

— Ibi dos esse debet, ubi onera matrimonii sunt : non solum
igitur ipsi viro, sed etiam patri in cujus potestate est, quid
dotis causa promitti darive potest; potest quoque personis
ipsorum juri subjectis per quas acquirunt, ita tamen ut peri-
cula dotis virum patremve non sequantur, donec ratam promissionem vel traditionem habuerint.—Quod si a.ti jussu mariti
dos datur, nihilominus obligatur de dote maritus.

— A muliere, vel a patre ejus, vel a quocumque extraneo dos
constituitur, et quidem, nullo jure cogente, dum dotis datio

donationis species recte dicitur. Attamen quidam ad dotem constituendam etiam inviti compelli possunt.

Filiæ quidem constituere dotem pater pro modo facultatum suarum et dignitate mariti tenetur. Enimvero ad officium patris in matrimonium filiam collocare, et pro ea dotem dare pertinet, et itaque Marcianus, lib. 16, Inst., ait. : « Cap. 35 leg. « Juliæ qui liberos quos habent in potestate, injuria prohi- « buerint ducere uxorem, vel nubere, vel qui dotem dare non « volunt ex constitutione Divorum Severi et Antonini, per pro- « consules præsidesque provinciarum coguntur, in matrimo- « nium collocare et dotare. » Inde plura; nam si pater sit vel demens vel furiosus, vel ab hostibus aut latronibus captus, quantum ex bonis ejus in dotem dandum est, per proconsulem, aut per provinciæ præsidem definiri decet. — Si filiusfamilias pecuniam mutuatus sit, ut eam pro sorore sua in dotem daret, senatusconsultum Macedonianum cessat, quia pater actione de in rem verso creditori tenetur. — Actione de in rem verso tenetur etiam dominus, si servus pecuniam mutuatus sit, ut eam pro domini filia in dotem daret.

An compelli possit pater ad dotem filiæ emancipatæ? quæstio est : Non posse Cujacius ait, et mihi hoc verius esse videtur, cum cesset emancipatione patria potestas (1). Si tamen filiæ emancipatæ curator pater pro ea dotem constituat, et non appareat qua mente dederit, Papinianus putat magis eum quasi patrem id, quam quasi curatorem fecisse videri; dum aliter vero, et quasi curatorem promisisse dotem, qui fratris sui filiæ curator esset, respondit Paulus.

Non distinguendum est an filia sit dives vel non, quia ex officio paterno patris obligatio descendit; atque hic mihi occur- rit Justiniani constitutio, ex qua, si dotem pro filia cui sunt bona adventitia, promiserit, non ex bonis filiæ sed ex suis pro- misisse censetur. Quin etiam si, effuso sermone quidem, pro- miserit ex suis bonis et ex bonis filiæ, distinctio fit an inops admodum pater, vel locuples : si locuples vero, dotem præstari totam ex bonis patris, licet hoc ita caverit, ut præstarentur ex utriusque bonis, statutum est.

---

(1) An non tamen distinguendum sit utrum emancipata filia unde dotetur habeat vel non? *V.* Arg. l. 14, C. de jur. dot.

Denique filiæ denuo nubenti dos a patre præstari debet, scilicet non deminuta priore dotis mensura, nisi tamen admodum medio tempore substantia patris decrevisset, quo casu non amplius secundo marito in dotem præstare cogitur, nisi quantum facultates ejus patiuntur.

Hæc vero ad filiæ legitimæ tantum, sed etiam adoptivæ, dotem pertinent.

Quæ hactenus de patre dicta, etiam ad avum paternum extendenda sunt, quum quidem in potestate neptem habet; hoc officium etenim avi dotandi ex officio patris circa filium pendere, aut ex patria potestate procedere videtur.

A muliere quoque vel a quocumque alio quam patre vel avo dos constitui potest, sed benignius; nam « neque mater pro filia « dotem dare cogitur (nisi ex magna et probabili causa, vel lege « specialiter expressa), neque pater de bonis uxoris suæ invitæ « ullam dandi habet facultatem. » Neque unquam cogi potest frater etiam consanguineus. Notandum tamen hanc meam opinionem non admitti a doctissimo jurisconsulto Voët, cui fratrem si soror consanguinea non habeat unde dotetur, scilicet argumento a contrario ex lege 12, § pen. ff. de adm. tut. sumpto, teneri videtur.

Omnino in desuetudinem abita tutela mulierum, feminæ velut masculi, impleta pubertate, juris capaces efficiebantur; usque vero ad vigesimum et quintum annum curatore in quibusdam indigere negotiis memorare interest, nam in hoc sensu forsan interpretanda videtur, L. 28, C. de jure dot. qua mulier, in *minore ætate* constituta, dotem marito, consentiente generali vel speciali curatore, recte dare potest.

Quum constituitur dos vel ante nuptias scilicet a tutore mulieris, vel a curatore, constitui oportet dotem pro modo puellæ atque mariti facultatum et dignitate. — Si tamen majorem promiserit, sciens quidem curator non rationem pupillarem sufficere, docet Paulus non ei a prætore subveniri debere magis quam si creditori puellæ pecuniam se daturum spopondisset.

His jam longius expositis, nunc est ut præcipua notetur divisio, etenim dos vel *profectitia* vel *adventitia* vocatur. — Profectitia autem quæ a patre vel a parente virilis sexus per virilem sexum cognatione juncto, profecta est de bonis vel facto ejus;

nec refert an filia sit emancipata vel in potestate patria; neque
etiam an pater naturalis vel tantum adoptivus. — Profectitia dos
est sive parens dederit, sive procurator ejus, sive jusserit alium
dare, sive tandem, quum quis dedisset negotium ejus gerens,
ratum habuerit. — De bonis patris profecta videtur res aliena,
scilicet quam bona fide animoque domini possidebat: et itaque
alieno fundo bona fide empto atque in dotem a patre dato, profectitia dos recte censetur. Non recte autem cum nihil erogavit
de suo pater sed tantum non acquisivit : hinc si legatum in hoc
repudiaverit ut apud generum heredem remaneat, dotis constituendæ causa, non esse profectum id de bonis dices. Ac mihi hic
sponte occurrit non profectitiam esse dotem, quam præstiterit
ipse pater, si modo non ut parens, sed ex alia causa, veluti tanquam fidejussor, præstitit.

Quænam sit adventitia facile intelligitur, nam adventitia est
quæ non est profectitia, et igitur quæ non patris aut avi pa-
terni de bonis vel facto provenit, et ideo quam sibi constituit
mulier, vel mater ejus, vel quivis alius, et ipse pater, si non
tanquam parens sed ex alia causa dederit.

— Possunt in dotem constitui res omnes quæ dominio
nostro subjiciuntur : sive sint quæ pondere vel numero
vel mensura constant; sive sint quæ mobiles aut immobiles;
sive tandem quæ corporales aut incorporales appellantur. —
Valde ergo in dotem constitui potest, exempli causa, nomen
quod ipse vir aut quicumque alius debeat : valde et ususfructus,
quo casu difficultas forsan erit post divortium circa reddendum
jus mulieri, sed huc de restitutione dotis non tractatur.

Quod si, nuda proprietate in dotem data, accesserit ususfructus, Paulus ait incrementum videri dotis quemadmodum si
quid alluvione accessisset, et hoc sane dubio recte.

Quid vero in dote erit, si mulier filiumfamilias debitorem
habens, quod sibi debetur in dotem promiserit? Distinguere
quidem oportet, quippe si nec filiofamilias nec patri sed alii
nuptura filiumfamilias debitorem jussit de peculio promittere
dotem, tantum in dote ex leg. 45, § 1 h. t. videtur, quantum in
peculio in id tempus quo dos promissa fuit. Sin autem vel filiofamilias debitori vel patri ejus mulier ita dotem dixerit vel
promiserit : *Quod mihi debes, vel quod mihi filius tuus debet, doti*

tibi erit. Non obligatur ut præstet quod sibi filius debet, sed efficitur tantum ut id quod actione de peculio consequi potuisset, id solum in dote sit, scilicet tempore quo promiserit, si constante matrimonio, tempore vero nuptiarum, si ante nuptias facta fuerit promissio; quippe etenim statim dos fit quæ marito promittitur, quæ sponso autem non fit antequam nuptiæ sequantur.

Quin etiam non tantum in dotem dari possunt res singulares sed universæ, nam nulla lege prohibitum est in dotem universa bona feminam marito dare. Atque si a me quæritur an maritus quasi heres oneribus respondere cogatur, dicam ex leg. 72 h. t. cum quidem qui tota ex repromissione dotis bona mulieris retinuit, a creditoribus ejus conveniri non posse, sed non plus esse in promissione bonorum quam quod superesset deducto ære alieno.

Jam de constitutione dotis, nunc DE JURE QUOD EX INDE ORITUR diligentissime persequor; sed antea tamen necesse est monere aliquando dotem tacite, ut ita dicam, constitutam haberi. Etenim si mulier, quæ dotem dederat, post divortium rursus in matrimonium, non revocatis instrumentis, redit, indotata redire non præsumitur, et ideo dos redintegratur marito.

II. — Promissa dote vel una cum stipulatione vel pactione simplici, adversus promittentem aut ex stipulatu, aut ex condictione legis potest agere maritus, et supra quidem illius patrimonii vires, scilicet si dotem extraneus promiserit, nam maritus non tam considerari debet tanquam donatarius quam potius ut creditor ex causa onerosa, nempe onera matrimonii inde subiturus. At si filiæ dotem pollicitus sit pater, denegandum non est ei competentiæ beneficium quum apparet bona fides ejus, ac igitur non ultra quam facere potest a genero convenitur. Quum dotem ipsa mulier promisit, ei hunc honorem præstandum esse non dubitatur; atque non inutiliter notandum est, maritum etiam, quum de dote convenitur, in id quod facere potest tantum condemnari.

— Onera matrimonii subeunte marito, dotis fructum ad eum

pertinere æquum est : hinc dotis non erunt fructus, durante matrimonio percepti : quod ita haberi dicendum est, si etiam datus sit in dotem ususfructus. — Dotalium pecorum, suppletis tamen ex agnatis capitibus mortuis, maritus quoque in fructum fœtus habet. Partus vero ancillarum viri lucrum non esse, sed dotis portionem, convenit.

— Rei dotalis dominium acquirit maritus, multa autem de hoc dotis traditæ effectu dicenda sunt.

Si res etenim, in dotem datæ, pondere vel numero vel mensura constent, in hoc marito dantur, ut eas ad arbitrium suum distrahat, et ergo harum rerum jure et effectu, ut ita dicam, dominium ei transferri patet. Quæ res igitur viri periculo sunt, atque, soluto matrimonio, ejusdem generis et qualitatis alias restituere vel ipse maritus vel heres ejus tenentur.

Quoad autem res quæ nec pondere nec mensura nec numero constant, distinguere interest, an æstimatio interposita sit vel non, et an æstimatio quidem loco venditionis habita fuerit. Si enim res in dotem data æstimata sit, jure et effectu quoque dominium acquiri marito censetur, et ideo, in uno vel altero casu æstimatione restituenda, ad eum periculum pertinet. Quod si res æstimata evicta sit, maritus ex empto consequi potest, sed obiter nota quidquid eo nomine consecutus fuerit, soluto matrimonio mulieri præstandum, quia, sicut Ulpianus ait, non simplex venditio est, sed dotis causa, et non debet maritus lucrari ex damno mulieris : sufficit enim indemnem eum præstari.

Rebus vero in dotem datis, nec pondere vel numero vel mensura constantibus, nec æstimatis, aut æstimatis quidem, si non habenda sit pro venditione æstimatio (verbi gratia quum placuit res ipsas æstimatas soluto matrimonio reddi, vel quum convenit reddendam esse vel rem vel æstimationem utrum vellet mulier), aliter dicendum est. Hæ res mulieri aut meliores aut deteriores fiunt, et sane poterit maritus deteriores factas reddere. Attamen maritum etiam, constante matrimonio, harum rerum dominium habere recte dicam ; quippe dotis causa perpetua est, quia ex voto dantis ita contrahitur ut semper apud maritum sit, ac dominium mutant contractuum causæ perpetuæ. — « Quamvis autem dos sit in bonis mariti, mulieris tamen

est. » Thryphoninus ita, l. 75, ff. 23, 3.—Ait etiam Justinianus, l. 30, C. 5, 12, easdem res ab initio mulieris fuisse, et
naturaliter in ejus permansisse dominio, atque legum subtili-
tate transitum earum in mariti patrimonium fieri.—Jam quoque notare possum in tit. xiii, C. lib. v *De rei uxoriæ actione*
tractari; atque ex leg. 15, § 3, ff. lib. ii, t. 8 : « Si fundus in dotem
datus fuerit, tam uxorem quam maritum propter promissionem
ejus, fundi possessores intelligi. » Sed quidni? nam verum est,
duos non posse simul singulos ejusdem rei in solidum esse do-
minos.

Ex eo cæterum quod maritus sit dominus dotis constante matrimonio, mihi plures occurrunt consequentiæ; nam rei dotalis vindicationem sicut et condictionem habet : habet etiam furti
et legis Aquiliæ actionem, adeo ut ipsi mulieri et vindicatio et
furti actio denegetur.—Quod si servus in dotem datus sit, cum
maritus modo solvendo sit, constante matrimonio manumittere
potest. Cum solvendo non est, lex Ælia sentia libertatem impe-
dit.—Si servus ab aliquo heres institutus sit, hereditatem adire
vel repudiare jussu mariti debet. Ne maritus autem dotis judi-
cio uxori suæ obligetur, consulendum est, ut Modestinus in-
quit, mulierem coram testibus interrogari an omittere vel ac-
quirere velit hereditatem.

Acquiritur marito dominium dotis, cum tradens ipse dominus
est, sed si non ipse dominus, dotis dominium evidenter marito
non acquiri potest, et evictioni locus est. Res autem in dotem
data titulo pro dote usucapitur. Si ante nuptias tradita fuerit,
notandum pro dote usucapionem non fieri, quia ubicumque
matrimonium non est, nec dos esse potest : quoties vero res
sponso datur, ita ut statim ejus fiat, usque ad nuptias vir pro
suo scilicet usucapit.—Evicta re dotali, si præcesserit traditionem promissio, ex stipulatu competit actio : si non præcesserit vero, nulla competit, nisi tamen dolus dantis interpositus
sit, quo casu de dolo adversus eum, in factum vero adversus
mulierem, maritus actionem habet.

In rebus dotalibus vir præstat tam dolum quam culpam (1),

____

(1) *V.* sur la classificat. des fautes, M. Ducaurroy, 6ᵉ édit. nᵒ 1071 et s.

ac etiam diligentiam quam in suis rebus exhibet. Nec est mirum ut quis in re sua vel dolum vel culpam præstare teneatur, quoties alius eadem in re jus aliquod habet, vel sperare potest. — Quod si igitur dotem promiserit extraneus, isque defectus sit facultatibus, cur eum non convenerit, marito imputabitur, — Quod si etiam fundum, quem bona fide possidebat quivis alius, in dotem ut suum marito dederit mulier, et neglexerit petere quum id facere posset maritus, rem periculi sui fecit. Nisi tamen paucissimi dies ad perficiendam longi temporis possessionem superfuerint, quo casu nihil erit quod imputetur marito.

Hic, de Fundo dotali. — Dig., lib. xxiii, tit. v.

Hujus tituli inscriptionem in stricto sensu non accipi statim commemorare debeo, nam ad omne prædium dotale sive rusticum sive urbanum pertinere ex sermonibus non dubitatur.

Dotale prædium, quamvis sit ipsius, maritum, invita uxore, per legem Juliam de adulteriis, alienare prohiberi Justinianus docet. Docet etiam legem in soli tantummodo rebus quæ italicæ fuerant, locum habuisse : quod jus vero dubitatum fuisse utrum ad italica tantum prædia, an etiam ad provincialia pertineret, ex Gaio videtur (Inst. C. ii, § 62 et 63.) — Per eamdem legem Juliam dotale prædium pignorari, mulieribus quidem consentientibus, prohibebatur : et ne sexus muliebris fragilitas in earum substantiæ perniciem converteretur, in res quoque in provinciali positas, prohibitionem sancivit, atque, volente etiam uxore, alienationem sicut et obligationem prohibuit Justinianus.

Quid autem alienationis verbo significatur? Hæc est elegans definitio ex leg. 1. C. l. V. t. 23 : est alienatio scilicet omnis actus per quem dominium transfertur. Sed generaliter ita definitur, et ex ea definitione oriuntur multa; quippe cum lex alienationem inhibet, non solum dominii alienationem, sed etiam ususfructus dationem vel hypothecam vel pignoris nexum penitus, similique modo servitutes imponi prohibere censetur. Non potest etiam servitutes fundo dotali debitas maritus

---

— M. Troploug, de la vente; art. 1624. — *V.* Pothier, 1er vol. Observ. génér.

amittere, nam libertas servitutis prædio debitæ non competit ne per hoc deterior conditio prædii fiat. — Sed et per maritum ad divisionem prædii communis cujus pars indivisa in dotem data fuerat, provocatio interdicitur. — Denique addendum est quod in lege 28 ff. de verb. sign. consonat, scilicet « alienationis verbum etiam usucapionem continere : vix est enim, ut non videatur alienare, qui patitur usucapi » notare oportet tamen non lege Julia interpellari eam possessionem, quæ per longum tempus fit, si antequam constitueretur dotalis fundus jam cœperat.

Si adversus legem dotale prædium vendidit maritus, non valet venditio, et a quocumque possessore vindicare poterit mulier vel heres ejus. Quod si vero in matrimonio mulier decesserit, dote lucro mariti cedente, fundus emptori avelli non potest.

Interdum lex Julia de fundo dotali cessat, quippe quum alienatio non est voluntaria. Et inde si ob id quod maritus damni infecti non cavebat, missus sit vicinus in possessionem dotalis prædii, deinde jussus sit possidere, dominus vicinus fit. Hinc quoque maritus qui fundum communem cum alio in dotem inæstimatum accepit, ad communi dividundo judicium provocari potest. — Cessat lex etiam quum dotale prædium in mulieris utilitatem permutatur : notandum est vero quod si permutatio fuerit, fundum vel rem quæ ex permutatione acquiritur, effici dotalem.

Per universitatem nos docet Paulus prædium dotale transire posse ad alterum, veluti ad heredem mariti, sed cum suo jure, ita ut alienari non possit.

Hic esset ut DE RESTITUTIONE DOTIS ageretur, sed non mihi onus incumbit.

De Pactis dotalibus pauca occurrere videntur.

Dig. lib. xxiii, tit. iv.

Hæc præcipue notanda :

Sicut constitutio dotis vel ante vel post nuptias fieri potest, possunt etiam vel ante matrimonium vel matrimonio constante, pacta dotalia interponi. Distinguere tamen necessarium est, nam si una et cum constitutione dotis, pacta fiant, etiam citra personam mulieris pacisci potest, quia ejus qui dat in arbitrio est quomodo dare velit. Si paciscatur vero, constituta jam dote, citra mulieris personam, cui dos est acquisita, non ei pactum nocebit : quod non trahendum est tamen in pactis, quæ, dummodo nuptias præcesserint a patre a quo dos constituitur, descendunt, quippe pater nuntium mittere potest.

Non valent, ut videbitur infra, quæ contra dotem vel dotis ingenium paciscantur, sin autem quis dotem promittens convenerit una cum promissione, ne dos invitus exigeretur, dotibus in hoc momento ad voluntatem pertinentibus, sane valet, sed mihi videtur mulier indotata.

Quid si convenerit ut fructus in dotem converterentur? an valeat conventio? Distinguit Ulpianus, et nos monet valere si ita convenerit, ut in dotem essent fructus quosquos maritus, fruendus usuris, percepisset.

His distinctionibus expositis, de pactis dotalibus quæ reprobantur inspiciendum est. — Reprobantur quidem pacta per quæ mulier indotata fieret, vel deterior esset dotis conditio, nempe mulieres dotes salvas habere, propter quas nubere possint, reipublicæ interest. Hic tamen excipiendus est casus, quo exstant filii, si modo non culpa mariti divortium factum sit. — Reprobantur quoque pacta, quibus ingenium et natura dotis subverteretur, et ea quæ contra leges aut adversus bonos mores fierent.

Sic igitur non servanda sunt pacta, ne ob res donatas vel amotas ageretur, quia, ut ait Paulus, altero pacto ad furandum invitantur mulieres, altero jus civile impugnatur. Ait quoque Paulus post nuptias non valere pactum, ut ex fundi fructibus, quem dedit in dotem mulier, mulieris creditor dimittatur : nempe, quum onera matrimonii fructus relevaturi sunt, de suo maritus paciscitur ut dimittat mulieris creditorem, et sit mera donatio. -- Neque pacisci potest, ut solummodo dolum non autem culpam in dotem præstet maritus. Et denique notandum, ut longiore die solvatur dos non magis quam ne omnino reddatur, pacta valere.

QUÆSTIONES.

1. An teneatur, si quis se per errorem debitorem esse existimans, promiserit dotem? Tenetur.

2. An valere possit dotis promissio, nisi certa sit res aut quantitas quæ promittitur? Distinguendum est.

3. Pater ad filiæ dotem compelli potest; quid vero si filia sit emancipata? *Vid.* p. 5.

4. Quid etiam si sit locuples filia? *Vid.* p. 5.

5. Cessat ne S. C. Macedonianum, si filiusfamilias pecuniam mutuatus sit, ut eam pro sorore sua in dotem daret? Cessat etenim, atque de in rem verso creditori tenetur pater.

6. An mater pro filia dotem dare cogatur? Non cogitur scilicet in regula generali.

7. Quid sit dos profectitia? Quid sit adventitia? *Vid.* p. 6.

8. Gaudetne competentiæ beneficio, qui promisit dotem? Distinguere oportet.

9. Maritus estne dominus dotis? *Vid.* p. 9.

10. An maritus in rebus dotalibus non solum dolum et culpam sed exactam diligentiam præstet? Præstat tantum dolum et culpam.

DROIT FRANÇAIS.

DU CONTRAT DE MARIAGE.

DISPOSITIONS GÉNÉRALES (ART. 1387 A 1398).

C'est au 1ᵉʳ livre, intitulé des *Personnes*, que le législateur s'est occupé du *mariage*, et a organisé cette union légitime de l'homme et de la femme, qui est le principe générateur de la famille. Les règles relatives à cette organisation sont l'œuvre du législateur; elles ne pouvaient avoir une autre origine ; elles touchent à la capacité des personnes, à leur position respective au sein de la famille et de la société ; elles sont d'ordre public. — Sous le titre du *contrat de mariage,* on trouve des dispositions législatives d'un caractère tout à fait différent. Ces dispositions ont trait aux conventions qui régissent l'association conjugale *quant aux biens,* conventions qui ont leur principe dans la volonté soit présumée, soit expresse des parties contractantes. Rien n'est imposé aux époux par la puissance de la loi : les divers régimes que l'on rencontre dans le code sont comme autant de contrats rédigés à l'avance, que la loi offre aux futurs conjoints : ils sont aussi de sages interprétations, qui serviront de guide aux magistrats pour prononcer sur les difficultés qui peuvent leur être soumises. La sollicitude du législateur n'a pu être trop grande à cause de l'importance et de l'utilité, disons presque de la nécessité des conventions matrimoniales.

Quelquefois ces mots *contrat de mariage* signifient, non plus l'ensemble des conventions qui régissent l'association conjugale quant aux biens, mais l'acte, l'écrit qui constate ces conventions. Quelquefois aussi on les emploie pour désigner la convention par laquelle se forme le mariage lui-même.

— Nous poserons trois principes dont les développements se présenteront successivement.

1er principe. — *Il appartient aux parties contractantes de régler leurs conventions matrimoniales.* (1387.)

Les futurs époux peuvent accepter pour contrat l'un des régimes divers qui leur sont offerts par la loi, les combiner entre eux, les modifier comme il leur convient, ou les repousser entièrement pour construire à leur gré des conventions matrimoniales qui en diffèrent autant que possible. (1387-1497-1534-1557-1581.....)

2e principe. — *Dans le choix des clauses qui doivent former leur contrat de mariage, les futurs époux jouissent d'une liberté qui n'a d'autres limites que les bonnes mœurs, l'ordre public et les dispositions prohibitives formulées par le législateur.* (1387 et suiv.)

Les clauses contraires à l'ordre public ou aux bonnes mœurs sont bannies du contrat de mariage comme de tous les contrats : c'est l'application du principe inscrit dans l'art. 6 c. civ., principe qui, par sa hauteur, domine toutes les conventions particulières. Mais il y a ceci de particulier au contrat de mariage, qu'à raison de la faveur dont il est entouré comme se liant d'une manière intime à la constitution et à l'organisation des familles, à raison aussi de l'étroite union qui s'établit entre les personnes dont il doit régler l'association, il comporte des conventions prohibées dans tout autre contrat. (*V.* art. 947, 1082 et suiv. — *V.* aussi art. 1525 et 1526 rap. des art. 1837 et 1855.)

Parcourons les textes. — Les droits résultant de la puissance maritale sur la personne de la femme et des enfants, ou qui appartiennent au mari comme chef, tiennent à l'organisation de la famille : les règles qui ont déterminé ces droits sont des lois d'ordre public; les futurs époux ne peuvent y déroger. (1388.)

La direction de l'éducation morale, religieuse, scientifique ou industrielle des enfants est un attribut de la puissance paternelle ; le futur mari ne serait pas lié par une clause portant que les enfants à naître recevront tel genre d'éducation ou seront nécessairement élevés dans telle religion.

L'intérêt social, qui réclame au sein des familles le repos, l'aisance et la force; l'intérêt de l'association conjugale, qui, multiple en elle-même, avait besoin plus que nulle autre société d'unité et d'harmonie dans son administration; l'intimité qui lie le sort des époux et celui des enfants à la prospérité du mariage; enfin la nature, qui a si nettement tracé les différences entre l'homme et la femme, ont fait un devoir aux législateurs de repousser l'ancien système des pays de droit écrit, qui laissait à l'épouse la libre disposition de sa fortune paraphernale, et d'assurer le respect dû à l'autorité dont le mari est investi, en déclarant que la femme mariée ne pourrait aliéner aucun de ses biens sans être autorisée de son mari ou, à son refus, de justice. (217, 223.) Ce serait donc inutilement qu'on stipulerait, dans les contrats de mariage, que tel immeuble de la femme pourra être aliéné par elle sans autorisation maritale. — Mais aussi, comme la capacité des personnes ne peut recevoir aucune atteinte des conventions particulières, comme la femme jouit d'une capacité pleine et entière, que seulement l'exercice de sa capacité a été soumis par la loi à certaines conditions, les futurs époux ne pourraient pas la restreindre dans des limites plus étroites : et, par exemple, ils ne pourraient pas déclarer, dans leurs conventions matrimoniales, que la femme ne s'obligera pas valablement, avec l'autorisation du mari, dans les cas où l'obligation serait contractée dans l'intérêt de ce dernier. (*Voir*, au reste, *infrà*, *Régime dotal*, *Inaliénabilité*.....)

Les droits conférés au survivant des époux par le titre de la puissance paternelle et par le titre de la minorité de la tutelle et de l'émancipation se rattachent aussi directement ou, par voie

de conséquence, aux lois sur l'organisation des familles : toute dérogation à ces droits est interdite. (1388.) On ne pourrait stipuler qu'en cas de veuvage la femme ne sera pas tutrice, que le survivant des père et mère n'aura pas la jouissance légale... etc...

Les époux ne peuvent faire aucune convention ou renonciation dont l'objet serait de changer l'ordre légal des successions. (1389.) Cet ordre se lie d'une manière si étroite à l'organisation politique et sociale d'un état, que la disposition de l'art. 1389 n'exige aucun développement. (Rap. de 1389 les art. 947, 1082 et suiv., 1047 et suiv. Loi du 17 mai 1826...)

L'unité de législation sur tout le territoire n'eût été qu'une chimère, si indirectement on eût laissé les moyens de perpétuer les coutumes et les statuts locaux : la loi a défendu aux futurs époux de stipuler *d'une manière générale* que leur association sera réglée par l'une des coutumes, lois ou statuts locaux qui régissaient ci-devant les diverses parties du territoire, et qui sont abrogés par la loi de l'an XII. (1390.)

Ces mots de l'art. 1390 : Les époux ne peuvent stipuler d'une *manière générale*.... me paraissent prohiber la relation à un ou plusieurs articles désignés d'une coutume, aussi bien que la relation à la coutume entière ou à une partie de la coutume. — Si les époux veulent prendre pour conventions matrimoniales les dispositions d'une coutume abrogée, ils le peuvent sans doute (1387), pourvu qu'elles ne soient pas prohibées par notre législation moderne ; mais alors ils doivent les transcrire, en faire les clauses mêmes de leur contrat.

Enfin l'art. 1388, dans sa dernière partie, dispose : « Les « époux ne peuvent déroger aux dispositions prohibitives du « présent code. »

On a beaucoup discuté sur les caractères auxquels on peut reconnaître les dispositions prohibitives, du moins celles qui contiennent la peine de nullité, et assurément il est à regretter souvent que les lois ne soient pas rédigées en termes plus nets et plus formels : on est contraint, pour prendre parti, de pénétrer dans la pensée du législateur, c'est un mal ; le langage de la science veut plus d'exactitude : laisser à l'interprétation, c'est ouvrir le champ aux dissidences. — Quoi qu'il en soit, les futurs époux ne pourraient pas stipuler le droit de changer leurs

conventions matrimoniales pendant le cours du mariage. (1395.)
Ils ne pourraient pas stipuler non plus que leurs conventions
matrimoniales commenceront d'avoir effet à une autre époque
qu'au jour du mariage (1), qu'ils se feront valablement pendant
le mariage des donations par un seul et même acte, que ces donations seront irrévocables... etc...

3me principe, complément des deux premiers. — *Si les futurs époux gardent le silence, ne font pas de contrat, la loi présume que, se reposant sur sa sollicitude, ils acceptent pour conventions matrimoniales les clauses qu'elle a tracées elle-même.*
(1393.)

On comprend aisément que le législateur eût été coupable
d'imprévoyance, s'il n'eût pas pris soin de suppléer au silence
possible des parties, silence fréquent surtout dans les classes
pauvres de la société : mais j'insiste sur cette remarque que,
même dans cette hypothèse, le régime donné par la loi aux
époux n'est pas imposé par le législateur, il résulte de la convention tacite des conjoints, qui par leur silence sont réputés
avoir accepté pour contrat de mariage l'ensemble des dispositions formulées sous le titre de la communauté qu'on a appelée
légale. (1393.)

Le législateur, lorsqu'il a fait choix de ce régime, avait une
mission très-délicate à remplir. — L'influence des souvenirs de
l'ancienne jurisprudence était puissante au conseil d'État; le
plus grand nombre de ses membres étaient imbus des principes
du régime en communauté. Il y a dans ce régime, qui tend à
réunir et confondre les fortunes, un principe assez bien en rapport avec l'union intime qui lie les personnes : cependant notre
législation moderne avait introduit des modifications profondes
à différentes règles fondamentales de l'ancien droit; on com-
mençait une époque dont les besoins, le caractère et l'esprit
étaient complètement nouveaux ; les clauses que la loi voulait
offrir comme droit commun devaient être en accord parfait
avec les principes de la législation moderne, avec nos mœurs,

____

(1) Ce qui, du reste, ne fait pas obstacle à ce que les futurs époux adoptent tel ou tel régime sous une condition qui ne doit se réaliser qu'après la
célébration du mariage.

nos tendances et la nature des fortunes. — Plus que dans toute autre partie de nos codes, le style de la loi devait être clair, précis et d'une interprétation facile pour tous. — Il est vivement à regretter que l'on rencontre sous le titre de la communauté légale des vestiges mal à propos conservés de l'ancien droit des pays coutumiers; que les textes présentent dans leur rédaction de si nombreuses inexactitudes, et que tant de difficultés accompagnent à chaque pas leur interprétation (1).

Ce n'était pas assez pour le législateur d'avoir suppléé au silence des époux, il était de la plus haute importance d'indiquer aux tiers un moyen certain à l'aide duquel ils pussent s'assurer que les époux étaient mariés sans avoir fait de contrat. Il importait aussi de donner aux époux un moyen d'établir d'une façon péremptoire devant les tiers, qu'ils sont mariés sans conventions spéciales. Il y a là une lacune à combler. — (*V.* cependant art. 67 C. de com. *in fine*) (2).

<h3 align="center">*Capacité requise pour pouvoir consentir ses conventions matrimoniales.*</h3>

La faveur due au contrat de mariage a fait tracer ici des règles particulières en harmonie avec les dispositions qui fixent l'âge auquel on est apte à contracter mariage. L'adage *habilis ad matrimonium, habilis ad consequentias matrimonii,* a servi de base au législateur. (1398 rap. 1095 et 1309. v. 1123 et suiv. 901 et suiv.)

Le mineur habile à contracter mariage, quoique mineur, peut consentir toutes ses conventions matrimoniales, pourvu qu'il ait l'assistance et le consentement des personnes qui doivent consentir au mariage. (1398.) Si donc le mineur avait à la fois sa mère et un tuteur, il n'aurait besoin que de l'assistance et du consentement de sa mère. — Il est impossible de suivre à la

---

(1) *V.* art. 1409, 1°. — art. 1413. — art. 2092. — Il y a défaut d'harmonie. — *V.* 1410. — 1413. — 1432. — *V.* 1437 et suiv., etc.

(2) Une pétition avait été présentée à la chambre des députés, mais elle a été écartée par l'ordre du jour.

lettre la disposition de l'art. 1398, lorsque le mineur doit obtenir pour son mariage le consentement d'un conseil de famille; la loi n'a rien dit de cette hypothèse qui peut être fréquente. On devra s'attacher à conserver autant que possible les garanties de lumière et de sagesse dont on a voulu entourer le mineur : on soumettra le contrat de mariage au conseil de famille qui donnera ou refusera son approbation. Malgré l'indécision dans laquelle fait tomber l'impossibilité de suivre rigoureusement l'exigence du texte, il ne serait pas prudent de se borner à demander au conseil de famille de déléguer un de ses membres pour le représenter et assister le mineur ; il faudrait obtenir, en outre, l'approbation du conseil de famille lui-même.

Si les formalités requises n'avaient pas été observées, malgré la validité du mariage, les conventions matrimoniales seraient entachées de nullité. Cette nullité serait relative au mineur (1125), et son action serait soumise à la prescription de dix ans (1304) à compter de la dissolution du mariage. (2253.) — Au contraire, la nullité du mariage entraîne avec elle les conventions matrimoniales, même valablement consenties. Accessoires du mariage, ces conventions étaient soumises à la condition, *si nuptiæ secutæ fuerint*. (*V.* toutefois 201 et 202.)

Quant au majeur, il peut consentir seul et comme il l'entend son contrat de mariage.

La loi ne s'est pas occupée des interdits ni des personnes pourvues d'un conseil judiciaire. — L'interdit ne peut pas contracter mariage. — En l'absence d'une disposition restrictive, on peut appliquer aux personnes pourvues d'un conseil judiciaire l'adage : *Habilis ad matrimonium, habilis ad consequentias matrimonii.* Cependant, si le contrat de mariage renfermait des donations, l'assistance du conseil pourrait paraître nécessaire, car l'article 513 est général; tout au moins il est sage de l'obtenir.

Rédaction des conventions matrimoniales.

Les conventions matrimoniales intéressent au plus haut degré les parties contractantes. Le plus souvent le mariage se forme sous la foi de ces conventions. — Elles intéressent aussi les

tiers; elles peuvent modifier la capacité des époux et sont oppo-
sables à tout le monde. — Enfin elles intéressent la société tout
entière, comme se liant étroitement au mariage, qui est l'origine des familles, l'élément composé de la société. — De là les
formalités prescrites pour entourer la rédaction des conventions
matrimoniales de garanties de lumière, d'authenticité et de
stabilité.

Faites pour le mariage, soumises à la condition de sa réalisation, les conventions matrimoniales doivent être rédigées
avant que le mariage ait été célébré : jusqu'à cet instant elles
peuvent être modifiées, mais elles deviennent définitives lorsque la célébration s'est accomplie. (1394, 1395, 1396.)

Quant à la forme, la loi exige que le contrat de mariage soit
rédigé par acte devant notaire. (1394—l. du 25 vent. an xi,
art. 8 et suiv.) Ainsi sa date se trouve assurée, son immutabilité garantie, son existence certaine, du moins jusqu'à l'inscrip-
tion de faux. Ajoutons que les futurs époux trouvent dans l'of-
ficier public un conseil et un guide éclairé.

Les *changements* apportés aux conventions matrimoniales
avant la célébration du mariage, formant une partie intégrante de ces conventions, doivent être constatés par acte
passé dans la même forme que le contrat de mariage. (1396.)

—Le texte ajoute : « *Nul changement ou contre-lettre* (1) n'est,
« au surplus, valable, *sans la présence et le consentement simul-*
« *tané* de toutes les personnes, *qui ont été parties dans le contrat*
« *de mariage.* »—Le contrat de mariage rédigé appartient, en
effet, pour ainsi dire, à toutes les personnes qui y ont été parties;
il est de toute justice qu'il ne puisse pas être modifié sans le consentement de chacune d'elles; mais le législateur est allé plus
loin, il a exigé *la présence et le consentement simultané* de ces
personnes. — On a craint qu'il ne fût trop facile d'obtenir,
de chaque partie prise individuellement, un consentement
qu'elle eût donné la plupart du temps sans avoir été éclairée
sur la portée réelle du changement projeté ; et, à cause de

---

(1) Pourquoi ces deux expressions? Le terme générique, employé dans
le premier alinéa de l'art. 1396, n'embrassait-il pas clairement toute la pensée
du législateur?

l'importance du contrat de mariage, pour prévenir un danger qui pouvait préjudicier aux époux eux-mêmes, la loi a pensé qu'il était utile de provoquer au moins l'examen et la discussion.

Ont été parties au contrat les futurs époux, et s'ils sont mineurs les personnes dont ils ont dû être assistés. (1398.) — Ont aussi été parties au contrat les tiers donateurs (1), mais non les personnes qui ont été appelées seulement *honoris causa*. — Si le futur conjoint majeur a appelé à la rédaction première de ses conventions matrimoniales les personnes dont le consentement lui est nécessaire pour le mariage, faut-il considérer ces personnes comme ayant été parties au contrat? L'affirmative est enseignée par des auteurs fort recommandables, et assurément elle a pour elle des raisons très-puissantes : néanmoins, je défendrai l'opinion contraire, elle me paraît plus logique et plus en harmonie avec les règles que j'ai déjà exposées. Sans doute il y a quelque chose de bien défavorable dans la conduite des futurs époux qui s'isolent ainsi des protecteurs que la nature et la loi leur ont donnés; mais, après tout, majeurs, ils sont capables de rédiger seuls et à leur gré leurs conventions matrimoniales. Il me semble, d'ailleurs, que l'argument qui consiste à considérer les premières conventions auxquelles auraient été appelés les père et mère, comme une condition de leur consentement au mariage, va beaucoup trop loin. On a invoqué un passage de Pothier, mais il prouverait beaucoup trop : l'esprit de nos lois modernes n'est pas le même que celui de l'ancien droit.

Les changements aux conventions matrimoniales faits conformément aux prescriptions de la loi sont une partie intégrante du contrat de mariage, et jouissent des mêmes effets à l'égard des tiers, mais le législateur y a mis une sage condition : il faut qu'ils aient été rédigés à la suite de la minute du contrat. (1397, 1re part.) On veut que ces change-

---

(1) Ces tiers n'ont été parties au contrat qu'en leur qualité de donateurs; en abandonnant la donation, les futurs époux pourraient se passer de leur présence et de leur consentement pour les changements qu'ils voudraient faire.

ments fassent corps avec les conventions primitives, leur soient tellement unis, qu'on ne puisse tromper les tiers en mettant sous leurs yeux un acte dont les clauses auraient été modifiées. — Suivons la même idée, et nous reconnaîtrons avec le texte que le notaire dépositaire de la minute, lorsqu'il est appelé à en délivrer des expéditions, est tenu de transcrire aussi les changements : s'il ne le fait pas, il manque à son devoir : il est responsable envers les tiers du préjudice que sa faute leur aura occasionné ; et, s'il y a lieu, des peines plus graves seront prononcées contre lui. (1397, 2ᵉ part.) Ces peines peuvent être la suspension ou la destitution, non la peine du faux ; le code pénal n'a pas admis la disposition de la coutume de Paris, art. 258.

Quelques formalités spéciales ont été imposées aux commerçants relativement à leurs conventions matrimoniales. — (*V.* art. 67 et 68 C. de com.)

Immutabilité des conventions matrimoniales, une fois le mariage célébré.

Une fois le mariage célébré, les conventions matrimoniales ne peuvent recevoir aucune modification. Ces conventions, les donations que les époux se font l'un à l'autre ou qui leur sont faites par des tiers, la fixation de leur position et de leurs droits respectifs sont, le plus souvent, la condition ou l'une des causes déterminantes de l'union qui se forme : le contrat de mariage devait être indissoluble comme l'union dont il est un accessoire si important : la sûreté et la tranquillité des époux, celles des parents et des tiers réclamaient cette immutabilité. (1395.) — Ajouterai-je que le changement qui aurait été fait, malgré la prohibition de la loi, serait nul ? Cette nullité résulte de l'art. 1395, de son esprit, et elle devient incontestable, si on rapproche de cet article les articles 1451 et 1543.

Je dois remarquer que cette prohibition ne s'applique qu'aux changements ayant pour principe la volonté des époux ; les conventions matrimoniales, même pendant le cours du mariage, peuvent être modifiées dans certaines circonstances par la séparation des biens judiciaire. (1443 et suiv.)

EXAMEN DES DISPOSITIONS RELATIVES AUX CONVENTIONS MATRIMONIALES LES PLUS USITÉES.

Je cherche d'abord une division générale à laquelle je puisse rattacher les nombreux détails que présente cette matière. Le code semble tracer lui-même cette division. (1391.) Mais on croirait, en présence de l'art. 1391, que le législateur ne s'est occupé que du régime en communauté et du régime dotal, ce qui est inexact. La division du code est fautive et on ne la peut expliquer que par l'histoire. Il est un assez grand nombre de dispositions qui sont rangées sous le chapitre II, intitulé *De la communauté*, uniquement parce que les conventions matrimoniales qu'elles ont pour objet étaient en usage dans les pays dits *de communauté*.—Une autre division aussi générale que celle du code se présente à l'esprit : ne peut-on pas diviser les diverses conventions dont s'est occupé le législateur en deux grandes catégories, à savoir : 1° celles dans lesquelles il y aurait communauté; 2° celles dans lesquelles, au contraire, il n'y aurait pas communauté? Cette division est encore fautive, car elle réunit dans une même classe trois sortes de régimes qui sans doute ont ensemble de l'analogie, mais cependant doivent être séparés. Au point de vue du code il y avait, à vrai dire, plus de raisons de s'occuper du régime sans communauté et du régime de séparation de biens sous le chapitre qui traite de la communauté que sous celui qui traite du régime dotal. La raison historique d'abord n'est pas sans valeur, et puis nous verrons que c'est par les règles tracées au chapitre de la communauté que doivent être comblées les lacunes qui se rencontrent sous les sections si courtes du régime sans communauté et du régime de séparation de biens.

Une division plus méthodique, ce nous semble, eût exposé sous des titres différents : 1° les dispositions relatives au régime en communauté dite légale; 2° les dispositions relatives aux conventions les plus usitées, modificatives de la communauté légale; 3° les dispositions relatives au régime sans communauté; 4° celles relatives au régime de séparation de biens; 5° enfin celles relatives au régime dotal. — Les trois dernières parties de cette division rentrent seules dans les limites de cette thèse.

Du régime sans communauté.

Art. 1529 à 1535.

Une observation préalable est nécessaire : les dispositions du code sur le régime sans communauté sont peu nombreuses et présentent des lacunes fréquentes. A quels textes avoir recours pour les combler ? Aux textes du régime en communauté ou du régime dotal ? Assurément aux textes du régime en communauté. Ce régime est le droit commun de la France, il forme la règle qui doit être suivie en l'absence de dispositions exceptionnelles : d'ailleurs le régime sans communauté nous vient des pays coutumiers, non des pays de droit écrit, et l'on ne saurait penser qu'en le consacrant dans notre code le législateur ait entendu le soumettre à des règles différentes de celles qui le régissaient sous l'ancienne jurisprudence : la distribution même des chapitres relatifs au contrat de mariage, et la réunion du régime sans communauté sous le chapitre intitulé *De la communauté*, sont un enseignement qui ne doit pas être méconnu ; et, si maintenant il nous fallait invoquer quelques textes, nous trouverions la pensée du législateur clairement manifestée dans l'art. 1531, l'un des plus importants du régime qui va nous occuper ; cet article dispose : *Le mari conserve l'administration...* N'est-ce pas se référer aux dispositions antérieures, aux articles 1428 et suiv.? Enfin nous ajouterons que le chapitre du régime dotal a été inséré après coup dans le code sur les réclamations vives des représentants des pays du Midi ; on ne saurait dès lors admettre que l'insuffisance des textes placés sous le régime sans communauté ait jamais dû, dans l'esprit du législateur, être complétée par d'autres règles que celles tracées sous le titre de la communauté légale.

Les futurs époux qui veulent prendre pour conventions matrimoniales le régime sans communauté sont obligés de faire un contrat de mariage dans lequel leur volonté soit déclarée. (1393, 1529.) Cette déclaration n'exige aucun terme sacramentel.

— La clause d'exclusion de communauté, dit Pothier, ne prive pas le mari du droit de jouir, pendant le mariage, de tous les

biens de la femme, *ad onera matrimonii sustinenda.* Ce régime
est donc fort simple : la jouissance (1) de tous les biens présents
ou à venir de la femme appartient au mari, qui, en retour,
supporte toutes les charges du mariage, et est tenu, relativement aux biens dont il a la jouissance, de toutes les obligations qui sont considérées comme étant une charge des fruits.
(1530, 1533, 1401 2°, 1409 3°, 4° et 5°........) Il ne me paraît
pas, du reste, que le mari soit soumis, comme l'usufruitier
ordinaire, à la nécessité de donner caution : je ne vois nulle
part que cette obligation lui soit imposée; l'art. 1550 offre, au
contraire, un puissant argument pour l'en dispenser, et il ne
faut pas oublier l'adage rempli de sagesse : *Inter personas conjunctas res non sunt amare tractandæ.*

Sous le régime en communauté, la jouissance des biens de la
femme appartient à la société conjugale, et le mari, comme chef,
a l'administration de ces biens; sous notre régime, cette jouissance
appartient au mari personnellement, à lui donc aussi personnellement l'administration de la fortune de son épouse.

Art. 1531. « Le mari *conserve* l'administration des biens,
meubles et immeubles de la femme. »

Il faut se reporter aux dispositions des art. 1428, 1429 et 1430.
—Rap. 818.—Le plus important de ces articles est l'art. 1428;
je crois utile de citer ses termes : « Le mari a l'administration
« de tous les biens personnels de la femme (2).—Il peut exercer
« seul toutes les actions mobilières et possessoires qui appar-
« tiennent à la femme. — Il ne peut aliéner les immeubles per-
« sonnels de la femme sans son consentement (3). — Il est
« responsable de tout dépérissement des biens personnels de sa
« femme causé par défaut d'actes conservatoires. » A la simple

---

(1) J'évite d'employer le mot usufruit, car le droit du mari ne constitue
pas un véritable usufruit qui puisse être aliéné ou hypothéqué.

(2) Cette disposition ne s'applique pas aux choses *qui se consomment
par l'usage.* Pour ces choses l'exercice du droit de jouissance se transforme
en celui d'un véritable droit de propriété, la femme n'a plus qu'une créance.
— *V.* art. 587, 1532. —Rap. 1851 et 1564 et suiv.

(3) Cet alinéa de l'art. 1428 me paraît mal rédigé. L'aliénation d'un
immeuble ne peut être que le fait du propriétaire. C'est la femme et non le
mari qui peut aliéner; seulement, comme soumise à la puissance maritale,

lecture de cet art. 1428, on aperçoit que le droit d'administration accordé au mari, moins large assurément que celui qui lui serait donné sur les biens de la communauté (1421), est cependant plus étendu que le droit d'un usufruitier ordinaire. Cette extension me paraît dériver de la nature des relations qui existent entre l'administrateur et le propriétaire, ce sont des époux : le lien qui les unit, rapprochant leurs intérêts, devait augmenter leur confiance; et puis l'administrateur est revêtu de la puissance maritale, et, bien que cette puissance ne soit pas la source de son droit, elle a pu influer justement sur l'étendue qu'il était permis de lui donner. La femme a pour garantie l'affection de son époux, son propre intérêt qui gagne à voir s'augmenter les revenus, et, enfin, sa responsabilité d'autant plus sérieuse qu'elle est assurée par une hypothèque légale.

Quoi qu'il en soit, le mari peut faire, relativement aux biens personnels de la femme, tous les actes d'administration, et notamment il peut louer, affermer, renouveler les baux dans les limites fixées par les art. 1429 et 1430.

Aux termes de l'art. 1428, 2ᵉ alinéa, *il peut exercer seul les actions mobilières et possessoires*, c'est-à-dire qu'il peut exercer, *quoique seul*, ces actions. La femme, dûment autorisée, pourrait donc agir elle-même, car il n'y a pas de disposition explicite qui la prive de ce droit. — Le mari, bien entendu, a seul l'exercice des actions possessoires ou pétitoires relatives à la jouissance, puisque cette jouissance lui appartient : ce n'est pas de ces actions que s'occupe l'art. 1428.

Le même texte donne au mari l'exercice des actions mobilières, mais il ne lui donne pas le droit d'aliéner le mobilier qui, ne se consommant pas par l'usage, est demeuré la propriété de la femme : je ne crois donc pas qu'il soit possible de lui reconnaître ce droit, en général du moins, car il se peut que l'aliénation rentre dans les actes de bonne administration. Notre

---

elle doit obtenir l'autorisation de son mari. Ce qui est donc exact, c'est que la femme ne peut aliéner ses immeubles sans le consentement du mari. (*V.* art. 217 et suiv., et art. 1535, dernier alinéa.) — Autorisée de justice, elle ne peut aliéner que la nue propriété.

solution, du reste, veut être combinée avec la disposition de l'art. 2279. — (1428, 2ᵉ al., 1532, 1551.)

L'art. 1428 n'accorde au mari que l'exercice des actions possessoires; j'en conclus qu'il n'a pas celui des actions pétitoires; et cependant, sans contradiction, ce me semble, il est responsable des prescriptions qu'il aurait laissé acquérir sur les biens de la femme, s'il y a faute de sa part. *Voy.* art. 614 et 2254.

De la position respective des époux naissent quelques difficultés. — La femme est dessaisie de tous ses biens, elle n'en a conservé qu'une nue propriété stérile, elle ne garde pas le produit de son travail, elle n'a rien : il semble donc que le mari seul est à même de pouvoir faire des acquisitions pendant le cours du mariage. Que décider alors si un immeuble a été acquis par la femme? Est-il présumé appartenir au mari? je ne connais aucune loi qui crée une semblable présomption. Est-il présumé, au moins, avoir été acquis de deniers fournis par le mari? j'avoue que, quelque apparence de raison que puisse avoir cette présomption, elle ne me parait pas plus admissible que la première. Les présomptions légales sont de droit étroit et ne sauraient être créées sans un texte exprès. Ce sera au mari, à ses héritiers ou à ses créanciers à faire la preuve. (Par arg. *a cont. v.* 559 C. de com.)

Quels sont les droits des créanciers de la femme? *Voy. in fine questions.* Des distinctions sont nécessaires : consultez les art. 1410, 1413, 1416.

— Le régime sans communauté, ainsi que la communauté légale, a quatre causes de dissolution : 1° la mort naturelle; 2° la mort civile; 3° la séparation de corps; 4° la séparation de biens (1). Il faut donc rapprocher de l'art. 1531, *in fine,* l'art. 1441 (2). *Voir* aussi art. 123, C. civ. et 557 C. de com.

Le contrat de mariage est dissous, le droit de jouissance qui appartenait au mari s'est éteint : le moment est venu où les

---

(1) Le divorce a été aboli par la loi du 8 mai 1816.

(2) *Voir* sur la séparation de corps, 1ᵉʳ liv., t. VI, ch. V, art. 306 et suiv. et C. de proc., part. II, liv. Iᵉʳ, t. IX, art. 875 et suiv. —*Voir* sur la séparation de biens, causes, art. 1443.—Formes et conditions, art. 1444 et 1445, et C. de pr., part. II, liv. I, t. VIII, art. 865 et suiv. Droits des créanciers de la femme et du mari, art. 1446 et 1447.— Effets, art. 1445, 2ᵉ alinéa, 1448 et s.

biens apportés par la femme doivent lui être remis, où elle en va recouvrer la pleine propriété et l'administration. Occupons-nous de cette restitution. (1531.)

Et d'abord c'est à la femme de faire preuve des biens qui doivent lui être restitués. (1402.) Quant aux moyens qu'elle peut invoquer, il faut distinguer : elle ne peut recourir à la preuve par témoins et même par commune renommée que pour les choses qui lui sont advenues pendant le cours du mariage. (1415-1504.)

Il est utile de séparer ici diverses hypothèses : 1° les choses apportées par la femme au mari étaient des choses qui se consomment par l'usage. L'impossibilité de jouir de ces choses sans les consommer transforme le droit de jouissance en véritable droit de propriété, et par un retour nécessaire qui remplace pour l'usufruitier l'obligation de conserver la substance de la chose, qui est l'objet de son droit (598), l'article 587, relatif à l'usufruit constitué sur des choses de cette nature, déclare qu'il est tenu « d'en rendre de pareille quantité, qualité ou « valeur, ou leur estimation, à la fin de l'usufruit. » Cet article a donné lieu à de graves difficultés. — Nous avons sous notre régime un texte formel, l'article 1532 : « Si, dans le mo- « bilier apporté en dot par la femme ou qui lui échoit pendant « le mariage, il y a des choses dont on ne peut faire usage « sans les consommer, il en doit être joint un état estimatif au « contrat de mariage, ou il doit en être fait inventaire lors de « l'échéance, et le mari en doit rendre le prix d'après l'estima- « tion. » Il faut rapprocher de l'article 1532 les articles 1551 et 1851. — Si la prescription de l'art. 1532 n'avait pas été observée, reconnaissons qu'aux termes de l'article 587 le mari ou ses héritiers seraient tenus de rendre des choses de même nature, de pareilles quantité et qualité.

2° Les choses apportées par la femme étaient des immeubles. — Trois cas sont possibles : — L'immeuble de la femme n'a pas été aliéné, il doit être restitué en nature. — L'immeuble de la femme a été aliéné du consentement du mari, et il n'a pas été fait remploi du prix de vente : le droit de jouissance qui appartenait au mari sur cet immeuble s'est éteint en même temps que le droit de propriété a cessé de reposer sur la tête de la femme ; mais, par contre-coup, ce droit de jouissance a saisi le prix provenant de la vente aussitôt que la propriété s'en est réalisée sur la tête de son épouse : peu importe que le mari y trouve son avantage ou qu'il en voie ses revenus diminués; car son droit porte sur une universalité. Le mari a la jouissance du prix, selon les termes de l'art. 587, et, à la dissolution du contrat de mariage, c'est le montant de ce prix qu'il doit rendre et rien autre chose; mais il doit rendre ce prix, c'est-à-dire le prix réel : on n'aurait nul égard à la valeur de l'immeuble ni au prix porté au contrat, si ce prix n'était qu'apparent. — Si un autre immeuble a été acquis en remploi du prix de la vente et que ce remploi ait été accepté par la femme, elle a droit à la restitution de cet immeuble : la restitution se fait en nature.

3° Les choses apportées par la femme étaient des choses mobilières, mais ne se consommant pas par l'usage, et elles n'ont pas été livrées au mari avec estimation valant vente. — Le droit de jouissance qui appartient au mari n'entraîne pas l'exercice d'un véritable droit de propriété : appliquez les règles générales en matière d'usufruit, et ce que nous venons de dire relativement aux immeubles.

4° Enfin les biens apportés au mari étaient de ces biens que l'usage désigne sous le nom de choses incorporelles : c'étaient des droits, des créances.—La jouissance seulement en a appartenu au mari : la propriété est demeurée sur la tête de la femme ; son droit, sa créance doivent lui être restitués. Au cas où la créance aurait été exercée pendant le cours du mariage, le droit de jouissance du mari serait passé sur la chose obtenue, et on serait rentré dans l'une des hypothèses précédentes. — Si, à l'époque de la restitution, la créance était devenue infructueuse par la faute du mari, il en serait responsable.

Inutile de déterminer ici ce que le droit de jouissance du mari embrasse lorsque la chose incorporelle apportée par la femme est un usufruit ou une rente viagère : il recueille les fruits et n'est tenu de rendre que le droit. Mais, si ce droit a été aliéné pendant le cours du mariage, quel sera l'objet de la restitution due à la femme, quel sera le quantum de cette restitution? Cette question est fort délicate, cependant je ferai encore les mêmes distinctions que plus haut : s'il y a eu remploi du prix de vente, la femme devra obtenir la chose acquise en remploi; dans le cas contraire, elle pourra réclamer le prix réel provenu de la vente de son droit, et toujours le montant de ce prix.

Lorsque j'ai parlé des conséquences de l'aliénation d'un bien appartenant à la femme, j'ai supposé que, dûment autorisée, elle avait agi elle-même ; quels seraient ses droits, si cette aliénation avait été consentie par le mari seul, sans sa participation ? La femme peut agir en revendication contre l'acquéreur de sa chose (1599) ; elle peut ratifier la vente et réclamer le montant du prix. Si l'action en revendication n'est pas possible, *v. g.*, dans le cas de l'art. 2279, elle peut demander une indemnité pour le préjudice que l'aliénation de sa chose lui aura fait éprouver.

A côté des restitutions qui sont faites à la femme, il nous faudrait, pour être complet, parler des indemnités qui peuvent être dues par elle au mari ou à ses héritiers ; nous aurions à fixer les causes et le montant de ces indemnités, tâche ardue et difficile, en l'absence de textes et au milieu d'une jurisprudence et d'une doctrine mal assurées, mais ces développements trouvent leur place sous le chapitre de la communauté légale : la même théorie est applicable ici. — Cependant il est une espèce que je ne dois pas passer sous silence. J'ai dit que la restitution des immeubles se fait en nature ; supposez que la restitution doit avoir lieu à une époque où les récoltes vont bientôt être recueillies ; le mari a supporté les charges du ménage, il a fait les frais de semence et de labour, aura-t-il une portion des récoltes ? aura-t-il droit du moins à une indemnité pour les frais de labour et de semence ? — Je ne crois pas que le mari puisse prétendre droit à une portion de la récolte, ce serait appliquer au régime sans communauté la règle tracée pour le régime dotal, art. 1571 (1) ; mais je me sens porté, malgré les arguments qu'on peut tirer en sens contraire des art. 1403 et 585, à décider que le mari a droit à une indemnité pour ses frais de labour et de semence, car ce sont là des charges plus spéciales qu'aucune autre de la récolte ; le mari n'a fait ces frais qu'en contemplation des fruits, et il ne faut pas oublier que les relations d'usufruitier et de nu propriétaire existent ici entre deux époux.

Pour la restitution des sommes d'argent, le mari ne jouit pas des délais accordés sous le chapitre du régime dotal, art. 1564.

---

(1) J'abandonne cette opinion : toutefois ce point est très-controversable.

La restitution est due et peut être exigée dès que le contrat
de mariage est dissous ; le mari pourrait seulement obtenir des
juges, aux termes de l'art. 1244, un délai de grâce.

Les restitutions et indemnités, sous le régime sans communauté, n'emportent pas intérêt de plein droit : il faut appliquer
l'art. 1479 et non l'art. 1473 ; la base principale de ce dernier
article manque ici. Quant à l'art 1570, il doit être écarté sans
hésitation.

Quand le mariage se dissout par la mort du mari, le deuil de
la femme est aux frais des héritiers du mari prédécédé. La valeur
de ce deuil est réglée selon la fortune et la condition du mari.
(1481.)

Observation. — Je n'ai rien dit des articles 1534 et 1535.—
La disposition de l'art. 1534 est comprise dans le principe posé
par l'art. 1387. Je ne vois dans la clause qu'il prévoit rien de
contraire ni aux bonnes mœurs ni aux dispositions prohibitives
du code ; cette clause pouvait être ajoutée au contrat comme tant
d'autres dans le détail desquelles il est impossible de descendre.
Quant à l'art. 1535, sa première disposition a pour elle l'évi-
dence, et sur le deuxième alinéa je me bornerai à faire observer qu'il est bien plus exactement rédigé que le troisième alinéa
de l'art. 1428.

Du régime de séparation de biens.

Art. 1529 et 1536 à 1539.

La section intitulée *de la séparation de biens* ne nous offre
aussi que quelques dispositions fort incomplètes : pour combler
les lacunes, il faut recourir aux textes du régime en communauté, avec d'autant plus de raison que c'est en s'occupant des
causes de dissolution de la communauté que le législateur a tracé
les effets de la séparation de biens.

Il y a donc une très-grande similitude entre la séparation de
biens judiciaire et la séparation de biens contractuelle ; cependant nous aurons à faire remarquer quelques dissemblances.

A la différence de la séparation de biens judiciaire, la séparation de biens contractuelle commence nécessairement avec le
mariage, et est irrévocable. (1595 rap. 1451.)

La séparation de biens contractuelle ne peut résulter que de la déclaration faite par les futurs époux, dans leur contrat de mariage, qu'ils adoptent ce régime. (1392 et 1529 rap.) Une déclaration expresse n'est pas indispensable : les époux seraient séparés de biens, si la femme avait stipulé conserver tous ses biens présents et à venir comme paraphernaux. Il est vrai que l'expression de biens paraphernaux s'employait dans les pays soumis au régime dotal par opposition aux biens dotaux, mais ces expressions sont aujourd'hui génériques, et désignent, celles-ci, les biens que la femme apporte au mari pour soutenir les charges du mariage (1540), celles-là, les biens dont la femme conserve la jouissance et l'administration (1576) : or c'est là le caractère du régime de séparation de biens. (V. 1536.)

Chacun des époux contribue aux charges du mariage suivant les conventions matrimoniales, et, s'il n'en existe point à cet égard, la femme contribue à ces charges, jusqu'à concurrence du *tiers* de ses revenus. (1537.) Au cas de séparation de biens judiciaire la femme contribue aux charges du mariage *proportionnellement à ses facultés et à celles du mari*. (1448.)

Pourquoi cette différence? Il est difficile de s'en rendre compte d'une manière satisfaisante. Les charges du mariage par leur nature pèsent en totalité sur chacun des conjoints individuellement ; on en pouvait tirer la conséquence qu'elles se distribuent sur l'un et sur l'autre, eu égard à leurs facultés respectives : on l'a fait dans l'art. 1448, pourquoi non dans l'art. 1537? Peut-être dans le cas de séparation de biens conventionnelle, la loi a-t-elle cherché moins une logique sévère que l'intention présumée des parties, tandis que dans le cas de séparation de biens judiciaire, préoccupée qu'elle était d'ailleurs du mauvais état des affaires du mari, elle a suivi strictement les conséquences du principe. — Du reste, sous notre régime, si les revenus du mari, joints au tiers des revenus de la femme, étaient insuffisants, la femme devrait contribuer aux charges du ménage pour une part plus forte. Si le mari n'avait rien, elle les supporterait en totalité, dussent ses revenus se trouver absorbés.

La portion contributoire due par la femme est versée aux mains du mari comme chef de la famille. Toutefois il est telles circonstances dans lesquelles les tribunaux pourraient, mais avec la plus grande réserve, autoriser la femme à conserver ses revenus et à faire face elle-même aux besoins du ménage. Faut-il un exemple? Si le mari déjà ruiné dissipait en folles dépenses, au jeu, en débauches, le strict nécessaire à la famille, à l'existence, à l'entretien, à l'éducation des enfants, de la femme et du mari lui-même.

— Nous avons dit que le caractère de la séparation de biens est que *la femme conserve l'entière administration de ses biens meubles et immeubles, et la jouissance libre de ses revenus.* C'est la disposition de l'art. 1536. — En présence de ce seul texte et en recourant aux principes sur l'organisation de la famille, sur la position respective des membres qui la composent, on tracerait hardiment l'étendue des pouvoirs qui appartiennent à la femme séparée de biens.

La séparation de biens ne porte pas atteinte et ne peut pas porter atteinte aux règles constitutives de la famille, aux droits du mari comme chef, à la domination maritale, à la dépendance de la femme : dans la stipulation que les époux seront séparés de biens, nous eussions vu l'autorisation tacite donnée par le mari à son épouse d'administrer sa fortune, art. 223. A la femme, aurions-nous dit, l'administration libre de ses biens : l'administration libre, car elle n'est pas un incapable qu'on émancipe ; à elle la perception et la jouissance de ses revenus, le droit de toucher ses capitaux et de donner quittance, le droit de louer et d'affermer ses biens dans les limites des articles 1429 et 1430. Et nous aurions déclaré valables, conséquemment ayant pour gage tous ses biens (art. 2092), les obligations contractées par la femme pour l'administration de sa fortune. Nous lui aurions encore reconnu le droit d'aliéner son mobilier, pourvu que ces aliénations fussent un acte d'administration ou du moins un moyen nécessaire à l'administration de ses biens. Puis hors de ces limites, nous aurions décidé, avec les art. 215, 217, 218 et 219, que la femme même séparée de biens ne peut donner, aliéner (ni par voie de conséquence s'obliger), hypothéquer, acquérir à titre gratuit ou onéreux sans le concours du mari dans l'acte ou son consentement par écrit, qu'elle ne peut ester en jugement sans l'autorisation de son mari, ou celle de la justice, à son refus. — Rap. art. 226, art. 905, art. 1576.

Mais le texte qui détermine les effets de la séparation de biens judiciaire soulève de graves difficultés sur l'étendue des droits de la femme.

L'article 1449 donne à la femme séparée de biens la *libre* administration de sa fortune, l'art. 1536 lui en donne l'*entière* administration ; il y a harmonie.

Poursuivons : l'art. 1449, dernier alinéa, dispose d'une manière absolue que *la femme ne peut aliéner ses immeubles sans le consentement de son mari, ou sans être autorisée de justice, à son refus.* Or on aliène soit immédiatement, *v. g.* par vente, soit dans l'avenir, par les obligations que l'on contracte, et l'on s'est demandé si les obligations contractées par la femme dans les limites de la libre administration dont elle est revêtue peuvent être exécutées même sur ses immeubles. Je l'avoue, l'affirmative pour moi ne fait aucun doute ; car ces obligations étant valables, la garantie d'exécution est dans l'art. 2092 ; le créancier a pour gage tous les biens de sa débitrice. On peut, à la rigueur, rentrer dans l'art. 1449, et dire que, dans le cas de séparation conventionnelle, la femme a été autorisée de son mari (art. 223); que dans celui de séparation judiciaire elle a été autorisée par la justice.

Le deuxième alinéa de l'article 1449 porte aussi, d'une manière générale, que la femme *peut disposer de son mobilier et l'aliéner.* Faut-il donner à ces expressions un sens absolu, extensif de la première partie de l'article 1449, et admettre que la femme peut non-seulement faire tous les actes que comprend la libre administration de ses biens, mais disposer sans restriction de son mobilier et l'aliéner à son gré? A mon sentiment, ces expressions n'ont qu'un sens relatif qui se lie au premier alinéa de l'article 1449. La disposition, l'aliénation de son mobilier appartient à la femme seulement comme moyen destiné à lui faciliter l'administration libre dont elle est investie (1). Et comme corollaire de la solution que je crois devoir adopter, je m'empresse d'ajouter que le créancier porteur d'une obligation contractée par la femme, sans l'autorisation maritale, et pour une cause étrangère à l'administration de ses biens, n'est pas fondé à poursuivre son payement, même uniquement sur les biens meubles qui appartiennent à la femme.

---

(1) Dans l'opinion contraire fortement défendue, on ne va pas jusqu'à voir dans cet alinéa de l'art. 1449 une dérogation à la disposition de l'art. 905.

La séparation de biens ne donne pas à la femme le droit d'aliéner ses immeubles sans autorisation. — Le législateur a considéré avec raison qu'une semblable aliénation, quelle que pût être sa cause, sort des limites des actes que peut faire un administrateur. La femme, pour pouvoir aliéner ses immeubles, doit être *spécialement* autorisée par son mari, ou, à son refus, par la justice. — Elle doit être spécialement autorisée. (217, 223, 1538, 1576.) Prenons une hypothèse : le contrat de mariage porte que la femme est autorisée à aliéner *tel de ses immeubles...* Cette autorisation est-elle spéciale ou générale, valable ou nulle? Lorsque, pendant le cours du mariage, la femme voudra aliéner cet immeuble, sera-t-elle ou non dispensée d'obtenir une nouvelle autorisation? Je pense qu'elle n'en sera pas dispensée. — A bien examiner l'autorisation que nous avons supposée, elle est moins un consentement donné à un acte d'aliénation que le droit d'aliéner selon son bon plaisir, conféré à la femme. Cette autorisation est générale, car l'autorisation doit être spéciale quant à l'acte d'aliénation pour lequel elle est donnée, non pas quant à l'immeuble qui doit être l'objet de cette aliénation. En d'autres termes, l'autorisation de consentir telle aliénation, déterminée, connue, présente, est une autorisation spéciale ; au contraire, l'autorisation d'aliéner même tel immeuble, sans que l'on ait en vue une aliénation déterminée, mais dans l'avenir, quand bon semblera, à qui l'on voudra et sous les conditions qu'on jugera convenables, est une autorisation générale. Cela est si vrai, que l'autorisation pourrait être spéciale, encore qu'il s'agît de l'aliénation de tous les biens de la femme, *v. g.* donation de tous les biens présents. — Dans la clause sur laquelle nous raisonnons, il y a une autre cause de nullité : cette clause faisant partie du contrat de mariage est irrévocable (1395); mais alors elle renferme une véritable atteinte à la puissance maritale, elle contient implicitement une abdication de cette puissance, et le mari n'a pas le droit d'abdiquer ainsi les pouvoirs qui ont été déposés dans ses mains. — J'ajoute qu'il y aurait dans la validité de semblables stipulations un moyen de ressusciter le système de la libre et entière disposition des paraphernaux, système repoussé par l'article 1576 comme contraire à la puissance maritale. — Du reste, quoique donnée hors du contrat de mariage, une pareille autorisation pourrait encore être déclarée nulle ; le texte ne distingue pas. La loi veut que le mari fasse un exercice réel de la puissance dont elle l'a revêtu ; elle l'y sollicite et repousse ces autorisations indéterminées, par lesquelles le mari se fût pour ainsi dire dessaisi de ses pouvoirs, les eût plutôt déposés que remplis fidèlement.

— La séparation de biens contractuelle se dissout avec le mariage. Si cette dissolution arrive par la mort du mari, la veuve reçoit ses habits de deuil de la succession. (1481.)

— Tel est le régime de séparation de biens pur : mais les faits se présentent souvent contraires aux régulières conséquences de cette convention matrimoniale : la communauté d'existence, l'autorité du mari dans la famille tendent toujours à confondre les biens des époux, à l'en saisir. Le législateur a tracé quelques dispositions dans l'intérêt de la tranquillité du ménage, dans l'intérêt aussi des héritiers et pour empêcher les avantages indirects entre époux.

Si un immeuble de la femme a été aliéné sous l'autorisation du mari, ce dernier est garant du défaut d'emploi ou de remploi du prix : il ne l'est pas de son utilité. — La garantie du défaut d'emploi ou de remploi n'a pas lieu, quand l'aliénation a été faite sous l'autorisation de justice, à moins que le mari n'ait concouru à l'acte, ou qu'il ne soit prouvé que les deniers ont été reçus par lui, ou ont tourné à son profit. (1450.)

D'après les principes de la séparation de biens, la femme a la jouissance et l'administration de sa fortune ; si en fait le mari a recueilli les fruits et administré les biens de la femme, trois hypothèses sont possibles : il a joui sans mandat, mais aussi sans opposition, les fruits consommés sont réputés avoir été employés du consentement de la femme et d'après son intention aux besoins de la famille, à son bien-être. (1539, 1578.) Il a joui et administré, mais comme mandataire de son épouse, en vertu d'une procuration et à charge de rendre compte : il est tenu de rendre compte de tous les fruits au delà de la quantité due par la femme pour les charges du mariage. (*Voy.* art. 1577.) Enfin le mari a joui et administré malgré l'opposition de la femme, il doit rendre un compte rigoureux de tous les fruits, au delà de la portion contributoire due par la femme, car il est un véritable possesseur de mauvaise foi. (1579.) — Quand le mari accepte ou prend ainsi la jouissance et l'administration des biens de la femme, il supporte les charges usufructuaires. (*V.* art. 1580.)

Du régime dotal.

Art. 1540 à 1581.

Le régime dotal, qui de Rome est passé dans les pays méridionaux de la France et a fini par trouver place dans notre code civil, n'est pas ainsi appelé parce que sous ce régime il y a une dot constituée. La dot sous tous les régimes est le bien apporté au mari pour supporter les charges du mariage : ce mot est générique. — Le trait caractéristique du régime dotal, c'est qu'il environne la dot d'une faveur toute spéciale et l'entoure d'une protection vraiment exorbitante du droit commun.

L'exposé des règles constitutives du régime dotal doit donc être précédé de quelques NOTIONS GÉNÉRALES SUR LA DOT.

Je définis la dot avec le texte : « La dot est le bien que la femme apporte au mari pour supporter les charges du mariage. » (1540.) (1)

La constitution de dot fait partie des conventions matrimoniales, elle doit précéder la célébration du mariage. (1394.) Une fois le mariage célébré, la dot ne peut être ni constituée ni augmentée. (1395, 1543.) (2)

____

(1) Eût-il été plus exact de dire *que la femme apporte en jouissance*, etc. *Voy.* Toullier, t. XIV, n°s 36 et 37.

(2) N'attribuons pas une portée trop grande à la disposition de l'art. 1543, elle n'est vraie qu'en ce qui concerne les règles exceptionnelles, permises en faveur du mariage ; mais elle ne met pas obstacle à ce que la femme laisse ou donne la jouissance de ses paraphernaux au mari, afin qu'il emploie les revenus aux charges du ménage (v. 1639, 1577 et suiv., v. inf.) : seulement il n'y a rien d'irrévocable dans cette concession.—L'art. 1543 n'empêche pas non plus qu'un tiers, pendant le cours du mariage, donne au mari la jouissance d'un bien dont il fait donation à la femme. Le mari se trouve donataire, quant à la jouissance, et soumis à toutes les conséquences qui découlent de cette qualité. — Un tiers peut même, sans violer l'art. 1543, faire une donation à

Une constitution de dot vague et indéterminée serait inutile. Il faut que quelque chose de certain, de déterminé soit convenu pour que la femme ait réellement une dot. Au reste, il suffit que l'on ait promis une chose déterminable, on peut s'engager *ex arbitrio boni viri*.

La constitution de dot peut avoir pour objet toute sorte de biens, biens présents, biens présents et à venir, ou biens à venir seulement : elle peut être de choses immobilières ou mobilières se consommant ou non par l'usage, de choses corporelles, de droits ou de créances ; elle peut se composer d'une universalité, de quotités ou enfin d'objets particuliers. — On pourrait ne constituer en dot que les fruits à naître d'un immeuble dont la femme, je suppose, serait usufruitière, et les fruits formeraient le capital dotal. (1542, 894, 947, 1082 et suiv.)

La constitution de dot peut émaner de toute personne capable de disposer entre-vifs (901 et suiv.), de la femme elle-même (1398, 1095, 1309), de ses père et mère ou d'un étranger. Elle doit être faite en faveur d'une personne capable de recevoir. (901 et suiv.) Quand la dot est constituée par la femme elle-même, le contrat est d'une nature simple, tandis qu'il est d'une nature complexe lorsqu'elle est constituée par toute autre personne.

Doter n'est une obligation juridique pour personne aujourd'hui. *Ne dote qui ne veut,* tel est le principe, puisé dans les pays coutumiers, consacré par notre législation moderne. (204.) Doter c'est faire une libéralité. — Cependant la constitution de dot par les père et mère pour l'établissement de l'enfant issu du mariage rentre tout à fait dans le but de l'association conju-

---

la femme sous la condition que la jouissance appartiendra au mari pour supporter les charges de l'association conjugale ; on sera sous la disposition de l'art. 1121, il y aura une charge imposée à la donation au profit d'un tiers, le mari, et non une dérogation au contrat de mariage. Quoique cette donation ait la même destination que la dot, on n'appliquera pas les art. 1440, 1547, 1548, 1549 et 1554, etc. Il est possible cependant que quelques-unes de ces dispositions soient applicables, mais ce sera en vertu d'une clause particulière de l'acte de donation, clause qui, du consentement de toutes les parties intéressées, pourra toujours être anéantie.—Ajoutons que, pour l'application de l'art. 1167, une semblable donation serait considérée, soit à l'égard de la femme, soit à l'égard du mari, comme une pure libéralité.

gale, et il est utile de ne pas perdre de vue cette observation , car elle explique plusieurs dispositions du code.

Le mari peut disposer entre-vifs même des immeubles de la communauté pour l'établissement des enfants communs. (1422.) En cas d'absence du mari, la femme peut, avec l'autorisation de justice, engager les biens de la communauté pour l'établissement des enfants. (1427.) — La dot constituée par le mari seul en effets de la communauté est à la charge de la communauté. (1439.) — Les biens dotaux inaliénables sous le régime dotal peuvent, par exception, être donnés pour l'établissement des enfants. (1555, 1556.)

Lorsque la dot a été constituée conjointement par les père et mère sans déclarer dans quelles proportions, elle est censée constituée par portions égales. (1544, 1er al., 1438.)—Lorsque la dot a été constituée par le père seul, lui seul est obligé. — Lorsqu'elle a été constituée par la mère, même avec l'autorisation de son mari, elle seule est obligée : *qui auctor est non se obligat.* Toutefois, quant au droit de poursuite, il faut tempérer ce que nous venons de dire par la disposition de l'art. 1419, pour les cas où cette disposition est applicable. — Quand la femme donne ses biens dotaux pour l'établissement des enfants qu'elle aurait eus d'un mariage antérieur, il importe de distinguer si elle est autorisée de son mari ou de justice. Dans le premier cas seulement, le mari perd la jouissance des biens donnés. (1555.)

Si le père a constitué seul la dot, l'eût-il fait pour *droits paternels et maternels*, la mère, quoique présente au contrat, n'est pas engagée. (1544, 2e al.) Sa présence s'explique aisément ; peut-être, d'ailleurs, la subordination dans laquelle elle se trouve à l'égard du mari est-elle la cause de son silence. Dans tous les cas, il ne saurait être suppléé, lorsqu'il s'agit de lui imposer une obligation.

Encore que l'enfant doté ait des biens soumis à la jouissance légale accordée aux père et mère, la dot constituée est prise sur les biens des constituants, s'il n'y a stipulation contraire. (1546.) Cette disposition est en harmonie avec l'art. 384.

Le législateur a statué dans l'art. 1545 sur une hypothèse qui, dans la législation romaine et l'ancienne jurisprudence, avait donné lieu à des solutions diverses. — La dot constituée par le survivant des père ou mère pour *droits paternels et maternels,* sans désignation des portions, se prend d'abord sur les droits du futur époux dans les biens du conjoint prédécédé, et ensuite sur les biens du constituant. — Le code a consacré le système qui était suivi au parlement de Paris (1).

Donation en faveur du mariage, partie d'ailleurs des conventions matrimoniales. La constitution de dot est soumise à la condition que le mariage aura lieu. (1088.) Quant aux stipulations dont elle est susceptible, il faut se reporter à l'art. 1387 et aux développements présentés sur cet article. (*V.* aussi 947, 1082 et suiv.)

— Il y a dans la dot une destination toute particulière, subvenir aux charges du mariage : les futurs époux n'acceptent ces charges souvent qu'en contemplation des avantages qui leur sont promis, des moyens à l'aide desquels ils comptent y faire face. De là quelques dispositions spéciales à ces sortes de libéralités :

A moins de stipulation contraire, les intérêts de la dot courent de plein droit contre les constituants du jour du mariage, encore qu'il y ait terme pour le payement. (1548, 1440.) N'appliquez pas cependant cette disposition au cas où une créance non productive d'intérêts aurait été constituée en dot ; cette créance a été constituée telle qu'elle était.

Ceux qui constituent une dot sont tenus à la garantie des objets constitués. (1547, 1440.) On a raison de dire qu'à l'égard des époux, il y a dans la constitution de dot quelque chose d'un acte à titre onéreux. — Quelque opinion donc que l'on accepte sur l'application de l'art. 1167 aux actes à titre gratuit, reconnaissons que les créanciers du constituant ne seraient entendus à faire tomber la dotation qu'en prouvant non-seulement qu'elle leur cause préjudice, mais qu'il y a eu fraude à leurs droits, et que les époux ont participé à cette fraude. (1167.)

Si la dot a été constituée par la femme, la garantie est due par cette dernière au mari. Si la dot a été constituée par un tiers, la garantie est due par ce tiers au mari, assurément : mais est-

---

(1) *V.* l. v, § 12, *ff. de jure dotium.* — L. vii, *C. de dotis promissione.* — Roussilhe, *Traité de la dot,* t. 1, p. 125 et suiv..

elle due aussi à la femme? Je le crois : le texte est général, et les charges du mariage ne sont pas étrangères à la femme. — Je ne m'occuperai pas ici de l'étendue de l'action en garantie. (*Voy.* art. 1630 et suiv. Toutefois n'appliquez pas 1630 en ce qui concerne les *frais et loyaux coûts* du contrat.)

La garantie pour l'éviction d'un objet particulier n'est pas due lorsque la constitution de dot était d'une universalité, ou d'une quote-part d'une universalité. — Si une créance avait été constituée en dot, on suivrait les articles 1693 et 1694.

La constitution de dot n'est pas révocable pour cause d'ingratitude. (959.) Appliquez à la dot les art. 747, 843 et suiv., 941 et suiv., 958 et suiv., 913 et suiv., 1080 et suiv., 1091 et suiv. — Toutefois, en ce qui concerne le rapport à la succession du donateur, il faut consulter la disposition de l'art. 1573.

Après ces notions générales, j'entre dans l'examen *des règles particulières qui forment le régime dotal.*

Déterminer et analyser les conditions sans lesquelles il ne peut y avoir régime dotal, exposer les effets de ce régime, rechercher enfin les causes qui peuvent amener sa dissolution et en fixer les suites, dont la principale est la restitution de la dot : telle est la marche que je me propose de suivre.

I. — SOUMISSION AU RÉGIME DOTAL. — BIENS DOTAUX.

Rappelons d'abord que le régime dotal est soumis, comme convention matrimoniale, aux règles tracées au commencement de cette thèse, sur la capacité des parties contractantes, sur la rédaction du contrat de mariage, sur son immutabilité une fois l'union des époux célébrée, enfin sur le droit qu'ont les parties d'accepter purement et simplement le régime dotal tel qu'il est organisé par le Code, ou de le modifier par toute sorte de stipulations non prohibées par les lois. (*V.* 1557, 1581.)

On sait avec quelle répugnance nos législateurs ont consenti à formuler dans notre Code un tableau des règles constitutives du régime dotal : je ne veux pas critiquer cette répugnance ; elle a pour elle, à mon avis, des motifs très-sérieux. Mais je ne puis m'empêcher d'exprimer le regret de n'apercevoir dans les dispositions du chapitre dans lequel nous entrons qu'un régime organisé d'une manière incomplète, et qui laisse sur tant de points de la plus haute importance une incertitude fâcheuse dans la jurisprudence et dans la doctrine. — Quoi qu'il en soit, n'oublions pas que le caractère propre du régime dotal est de soumettre la dot à des règles exceptionnelles exorbitantes du droit commun. De là cette double conséquence, 1° qu'il ne peut y avoir de régime dotal sans dot ; 2° que les futurs époux, dont la volonté est que la dot soit régie par les dispositions qui composent le régime dotal, doivent rédiger un contrat qui constate clairement leur volonté. — Ainsi les époux ont explicitement déclaré dans leur contrat qu'ils entendent se soumettre au régime dotal ; s'il n'y a pas eu de dot constituée, si tous les biens de la femme lui sont demeurés à titre de paraphernaux, ils se sont trompés dans le nom qu'ils ont donné à leurs conventions, en fait il y a séparation de biens. Au contraire, le contrat de mariage renferme une constitution de dot, mais est muet sur le régime adopté par les conjoints ; il peut y avoir communauté, communauté modifiée, exclusion de communauté, selon les clauses ; il n'y a pas de régime dotal.

La soumission au régime dotal ne résulte que d'une *déclaration expresse.* (1392.) Cette rigueur révèle la défaveur profonde jetée sur ce régime. (1392 comp. à 1526.) Je comprends cette rigueur. C'est à regret, en faisant une concession, que le législateur a organisé dans le code des conventions matrimoniales, qui vont devenir un obstacle à la circulation des biens, frapper d'interdit tout ou partie de la fortune de la femme, permettre corrélativement à cette dernière de restreindre sa capacité, et l'admettre enfin à s'abriter derrière cette restriction contre les obligations qu'elle aura plus tard consenties. Sans doute dans ces résultats exorbitants, il y a la sauvegarde de la famille, son avenir assuré ; mais les besoins de la société, mais l'intérêt des tiers ne pouvaient pas être abandonnés aux incertitudes d'interprétations souvent difficiles, et en exigeant une déclaration expresse, on a voulu remédier au moins aux dangers qui seraient sortis de stipulations équivoques peut-être. — Est-ce à dire pourtant que le mot doive être prononcé ? Y a-t-il quelque formule sacramentelle ? Non, assurément ; que la soumission au régime dotal résulte d'expressions claires, qu'elle soit apparente à la lecture du contrat de mariage, et le vœu de la loi sera rempli. Mais il ne suffirait pas, pour qu'il y eût soumission au régime dotal, de stipuler que la dot sera inaliénable, car il y a dot sous le régime en communauté, et les époux ont pu emprunter au régime dotal l'un de ses effets. (1387.) Il ne suffirait pas non plus que les biens de la femme eussent été distingués en dotaux et en paraphernaux, car on se souvient que ces termes sont devenus génériques.

— Venons à notre seconde conséquence et essayons de déterminer quand il y a dot et *quels biens sont dotaux.* — J'ai déjà tracé diverses règles sur la constitution de dot (*voy.* sup. notions générales) auxquelles il est utile de recourir. Ici je dois entrer dans quelques détails.

La constitution en dot ne se présume pas aisément : c'est un principe, dont on trouve l'application consacrée dans la loi (1542, 1574), que nul bien n'est dotal, si ce caractère ne lui a été imprimé d'une manière claire, manifeste : le doute s'interprète contre la dotalité en faveur de la liberté des biens. (*Secus v.* 1401, 1530...)

Dans le silence du contrat de mariage, aucun des biens appartenant à la femme n'est dotal. (1574.) Plusieurs auteurs toutefois ont soutenu, dans les pays de droit écrit, que dans cette hypothèse tous les biens de la femme étaient censés dotaux. Cette opinion ne pouvait convenir aux rédacteurs du code.

Si la dotalité doit résulter clairement des conventions matrimoniales, il n'y a pas de termes sacramentels : la réserve de certains biens à titre de paraphernaux contient implicitement la constitution en dot des autres biens. — Tout ce qui est donné à la femme en contrat de mariage est dotal, s'il n'y a stipulation contraire. (1541). On a pensé avec raison que ces donations renferment tacitement une constitution en dot; faites en faveur de l'union projetée, subordonnées à la condition de son accomplissement, elles semblent bien avoir pour destination d'aider les époux à supporter les charges du mariage.

Lorsque la femme s'est constitué en dot *tous ses biens*, sans rien dire de plus, on peut douter si cette constitution ne comprend pas les biens à venir. Ce doute suffit pour qu'elle soit restreinte aux biens présents. Le texte est formel. (1542, 2ᵉ al.) — La constitution en dot par la femme de tous ses biens présents, ou de tous ses biens, comprend les choses dont elle a la propriété ou la possession légale (1402); elle comprend aussi les choses qu'elle obtiendra par l'exercice d'un droit né sur sa tête, sans distinction si ce droit est pur et simple ou soumis à une condition, *nam qui actionem habet rem ipsam habere videtur*, et l'on sait que la condition accomplie a un effet rétroactif. (1179.)

La constitution en dot des biens présents et à venir ou des biens à venir seulement, embrasse les biens qui adviendront à la femme par succession, par donation.....; mais embrasse-t-elle ceux que la femme peut acquérir à titre onéreux avec des deniers prêtés par des tiers ou fournis par le mari? D'abord, même dans ce dernier cas, il me semble que ces acquisitions doivent demeurer propres à la femme, sauf l'indemnité due au mari ou à ses héritiers; j'ajoute que ces biens acquis ne me paraissent pas dotaux; je ne les crois pas enveloppés dans la constitution en dot des biens à venir. Il faut en dire autant des acquisitions faites avec des deniers que la femme s'était réservés comme paraphernaux.

La constitution en dot des biens à venir comprend-elle les biens qui échoient à la femme après la dissolution du mariage? L'intérêt grave qu'offre cette question se saisira mieux lorsque nous traiterons des effets du régime dotal. (*V. inf.*)

Je suppose que la femme se soit constitué en dot sa part indivise dans un immeuble; cet immeuble est licité, elle se rend adjudicataire (1); sera-t-il dotal en entier (art. 883)? Je pense qu'il faut s'attacher à la convention matrimoniale; la dot ne peut être étendue au delà de la constitution faite par la femme; on doit rechercher ce qu'embrassait, lors de la constitution, sa part indivise. Les effets du principe posé dans l'art. 883 doivent être renfermés dans de justes limites; ils ne sauraient avoir pour conséquence d'imprimer un caractère de dotalité à une chose qui n'a pas reçu ce caractère du contrat de mariage. — Je suivrais cette solution lors même que la femme se serait constitué en dot *ses droits indivis* dans cet immeuble. Il en serait différemment si l'immeuble faisait partie d'une généralité de biens; car la constitution embrasserait indistinctement, sans rien de spécial, tout ce qui, en définitive, devait former cette généralité.

---

(1) Si le mari s'était rendu adjudicataire, appliquez l'art. 1108. Il y a parité de motifs.

Dans les cas où une constitution de dot est de deux choses différentes, sous une conjonctive, chacune de ces choses est due et devient dotale. — Si, au contraire, cette constitution est sous une alternative, la dot est, en général, de la chose délivrée par le constituant, à son choix.

— Avant d'aller plus loin, il faut rappeler ici une conséquence du principe consacré par l'art. 1395 : Après la célébration du mariage, la dot ne peut être modifiée ni quant à son étendue, ni quant au bien sur lequel elle porte. (1543.)

Si la femme n'a pas dotalisé ses biens à venir, toute donation qui lui est faite pendant le mariage est nécessairement paraphernale. Le donateur ne pourrait ajouter valablement la condition de dotalité. — N'en concluons pas, *a contrario*, que, dans l'hypothèse inverse, le donateur ne pourrait pas disposer que la chose donnée sera paraphernale : c'est la dotalité seule qui doit avoir forcément son principe dans le contrat de mariage, et, dans cette seconde espèce, on ne serait pas fondé à soutenir que la condition est nulle, comme portant atteinte aux conventions matrimoniales (1).

Lorsque les choses constituées en dot sont des choses mobilières se consommant par l'usage ou ne se consommant pas par l'usage, mais mises à prix par le contrat, ou bien lorsque ce sont des immeubles estimés avec déclaration que l'estimation vaut vente, la dot consiste en une créance de la femme contre son mari (2). En vain un immeuble serait donné en payement de la dot mobilière, il ne serait pas dotal ; en vain un immeuble serait déclaré acquis des deniers dotaux, le caractère de dotalité ne le pourrait saisir. Exceptez le cas où, dans les conventions matrimoniales, on aurait stipulé la condition d'emploi ; car on serait dans l'exécution de la clause du contrat, et la dotalité dont l'immeuble se trouverait frappé n'en serait qu'une consé-

---

(1) C'est une question controversée que celle de savoir si le donateur peut valablement imposer la condition que le bien donné sera inaliénable.

(2) Lorsqu'il y a estimation valant vente, si la chose vient à périr avant le mariage, la perte est pour la femme, car la vente est conditionnelle. — L'estimation qui fixe le montant de la créance de la femme forme le prix : appliquez les règles sur la garantie en matière de vente. — On peut douter que les règles sur la rescision pour cause de lésion de plus des sept douzièmes soient applicables au cas de constitution en dot d'un immeuble avec estimation et déclaration que l'estimation vaut vente.

quence. (1551, 1553.) Lorsqu'il y a condition d'emploi, il me semble que la déclaration par le mari que l'acquisition est faite en emploi des deniers dotaux n'est, en général, qu'une offre qui a besoin d'être complétée par l'acceptation de la femme : cependant il pourrait résulter des conventions matrimoniales que le mandat confié par la femme au mari fût assez étendu pour que nous dussions regarder sa déclaration comme suffisante. (*V*. 1435.)

La chose dotale est-elle un immeuble (1)? En général, elle ne peut être aliénée ; dès lors la dotalité ne saurait quitter la chose constituée en dot et passer sur une autre chose. — Au cas d'éviction, le mari, par suite de la garantie qui lui est due, vient-il à obtenir, soit une somme d'argent, soit la toute propriété, soit l'usufruit d'un autre immeuble, la dotalité ne s'imprime pas sur cette chose nouvelle, qui n'a jamais été l'objet de la constitution en dot. — Si l'aliénation de l'immeuble avait été permise par le contrat de mariage, ou la condition de remploi aurait été stipulée, ou elle ne l'aurait pas été : au premier cas, il faut se reporter à ce que j'ai dit sur la condition d'emploi ; au second cas, l'aliénation consommée, la dot devient une créance dont le quantum est le prix réel provenu de la vente. — Lorsque l'immeuble dotal a été aliéné pour une des causes déterminées par la loi, l'excédant du prix de la vente, au-dessus des besoins reconnus, reste dotal, et il en est fait emploi comme tel au profit de la femme : l'immeuble acquis en emploi est donc dotal. (1558.) L'immeuble reçu en échange d'un immeuble dotal lui est subrogé et devient dotal. (1559.) Cette disposition a pour but l'avantage des époux. S'il y a soulte, la soulte est dotale, et il en est fait emploi comme telle au profit de la femme. (1559.) L'immeuble acquis avec cette soulte est donc aussi dotal. Les textes des articles 1558 et 1559 sont si clairs, que, je l'avoue, j'ai peine à comprendre la controverse qui s'est élevée sur ce point : ils me paraissent, d'ailleurs, conformes au principe posé dans l'article 1553, et à la raison ; car, lorsque la loi a permis de porter atteinte à l'inaliénabilité de l'immeuble dotal, elle a cédé à l'ordre impérieux de la nécessité ou de l'uti-

______

(1) Nous ne parlons pas du cas où la dot est de choses mobilières ne se consommant pas par l'usage, la règle dépendant du parti qu'on prendra sur la question de leur inaliénabilité.

lité constatée des époux, et il est naturel que, cette nécessité satisfaite, cette utilité obtenue, on ait vu avec faveur un retour à la nature et au caractère primitifs de la dot. Notons que, si l'immeuble acquis en emploi de l'excédant du prix ou de la soulte était d'une valeur supérieure, il ne serait dotal que jusqu'à concurrence de la valeur représentative de cet excédant ou de cette soulte : la même remarque est applicable au cas d'échange.

Quand la dot a été constituée d'une chose déterminée, mais avec faculté pour le constituant de se libérer en payant une autre chose, la dotalité ne peut pas frapper cette dernière chose. (1553.) Toutefois, si la dot consistant en deniers, l'emploi en avait été stipulé dans les conventions matrimoniales, on verrait un immeuble dotal dans l'immeuble donné en payement par le constituant.

Un dernier mot. J'ai dit, avec l'article 1543, que la dot ne peut être augmentée pendant le mariage ; je dois faire observer que cette disposition ne s'applique pas aux augmentations insensibles que forment l'alluvion ou les relais de l'eau courante. (556-557.) Il faut en dire autant pour le cas où l'usufruit vient se réunir à la nue propriété ; car, et j'emprunte ces expressions à un jurisconsulte célèbre, la nue propriété attend, en quelque sorte, le retour de l'usufruit ; lorsqu'il s'éteint, c'est comme une servitude qui disparaît.

II.—Je passe aux EFFETS du régime dotal et vais m'occuper successivement de *la jouissance*, de *l'administration* et de *l'inaliénabilité de la dot*.

Au mari, pour supporter les charges du mariage, la *jouissance* de la dot, à lui tous les revenus des biens dotaux et leur libre disposition. Il est aisé, à l'aide des principes sur le contrat de mariage et sur l'usufruit, de descendre aux détails ; mais les développements qui vont être présentés ne s'appliquent pas au cas où les choses constituées en dot sont ou des choses qui se consomment par l'usage, ou des choses mobilières mises à prix par le contrat, ou enfin des immeubles estimés avec déclaration que l'estimation vaut vente. J'ai déjà suffisamment averti que ces choses deviennent, par l'accomplissement du mariage, la propriété du mari, et que le droit de la femme est

une créance contre son époux, créance garantie par une hypothèque légale (212, 12135), et dont elle exercera le recouvre-
ment lorsque l'époque de la restitution de la dot sera arrivée (1).

Il n'y a dot, il n'y a régime dotal qu'à partir du mariage; le
droit du mari ne commence qu'à l'instant où le mariage est
célébré, les fruits antérieurs ne peuvent donc lui appartenir
comme revenus de la dot. — S'ils étaient compris dans la constitution de dot, ils feraient partie du capital dotal. — Rien de
plus simple pour les fruits civils, puisqu'ils échoient jour par
jour et s'acquièrent par leur échéance. Quant aux fruits naturels ou industriels, ils ne s'acquièrent que par la perception; si
donc les récoltes sont encore sur pied au moment du mariage,
elles appartiendront en totalité au mari, qui les percevra. C'est
la règle générale en matière d'usufruit, c'est la règle suivie sous
les régimes en communauté et sans communauté, c'est aussi la
règle qu'il faut suivre sous le régime dotal en l'absence de texte
exceptionnel; l'article 1571 ne statue que pour la restitution
de la dot, pour l'extinction du droit, non pour son ouverture,
et je ne vois pas d'assimilation possible.

Si la dot comprend des bois taillis, des bois de haute futaie
mis en coupe réglée, appliquez les art. 590 et 591. Appliquez
aussi l'art. 598 relatif aux mines et carrières ouvertes ou non
encore ouvertes au jour du mariage, au trésor trouvé pendant
son cours. Cependant, si la dot comprenait les biens à venir, le
mari aurait la jouissance des produits des mines et carrières
ouvertes ou du trésor trouvé pendant la durée de son droit.
(V. 598, 716, 1403.) (V. aussi les art. 592 et suiv.)

Outre les charges du mariage, le mari doit encore, ainsi que
l'usufruitier, supporter toutes les charges qui pèsent sur les
fruits (1562); mais, dans l'application de cette dernière obligation, il faut avoir soin, pour déterminer son étendue, de distinguer si la dot est d'un objet particulier ou d'une universalité.

Le mari est dispensé de donner caution, s'il n'y a été assujetti
par le contrat de mariage. (1550.) Sous la législation justinienne
cette dispense était absolue, aucune clause ne pouvait y porter

---

(1) Pour le droit de poursuite qui appartient au mari, contre les constituants, v. 1559, deuxième alinéa; et remarquez que dans aucun cas nos lois
n'ont admis le bénéfice de compétence. Appliquez les règles générales relatives au payement (1235 et suiv. Rap. 2092, 2200 et suiv.).

atteinte ; on l'eût considérée comme contraire à la dignité maritale, à la confiance et au respect qui sont dus au mari. — L'art. 1550 est une exception à l'art. 1562, qui soumet le mari aux *obligations* de l'usufruitier. (*V.* art. 600 et suiv.)

— Le mari a *l'administration* de la dot, c'est une conséquence de sa jouissance. — Dans les anciens principes du droit romain, il était considéré comme propriétaire, il était *dominus dotis*, sous la seule obligation de restituer après la dissolution du mariage : ce droit, restreint sous Auguste par la loi *Julia de adulteriis*, fut plus restreint encore par la législation justinienne, mais il continua d'exister en principe, au moins dans la fiction de la loi. Ce principe fut consacré généralement dans les pays de droit écrit. Il ne me semble pas qu'il ait été reçu dans nos lois modernes (1549, 1550, 1551, 1564 et suiv.) : la femme seule est propriétaire véritable, et seule elle est considérée comme telle ; le mari n'a qu'un droit de jouissance et un droit d'administration fort étendu. Peut-être sans choquer trop violemment les usages des pays habitués au régime dotal, le législateur aurait-il pu dès lors refuser au mari le droit de faire seul tout acte qui ne fût pas rentré dans les limites les plus larges des actes d'administration : il n'en a pas été ainsi, et des difficultés graves découlent de ce défaut d'harmonie. (Comp. 1428 et 1549.) J'avertis à l'avance de la considération qui me dirigera dans la solution de ces difficultés : je pense qu'il ne faut pas oublier le caractère de nos lois nouvelles, ni leur esprit ; et, si devant un texte précis je me trouve contraint d'aller au delà du principe nouveau et de ses plus larges effets, je n'accepterai qu'à regret cette inflexibilité de la loi qui a prononcé, me renfermant strictement dans les termes pour rentrer dans les limites du principe, du moment que je ne serai plus enchaîné par la rigueur de la lettre.

Ainsi, devant le texte formel de l'art. 1549, je me vois forcé de reconnaître que le mari seul a le droit d'exercer les actions immobilières possessoires ou *pétitoires*, et je suis contraint d'admettre comme conséquence obligée que dans l'instance le mari est le représentant légal de son épouse, que la chose jugée contre lui ne pourra pas être frappée de tierce-opposition. Si la femme articule qu'il y a eu collusion à son préjudice, elle peut se pourvoir par la voie de la requête civile : cependant, il faut en convenir, cette seule ressource accordée à la femme peut être malheureusement trop souvent chimérique, car la fraude se cache; il est excessivement difficile de la découvrir et surtout de la démontrer.

La femme autorisée de son mari peut-elle exercer ces actions en son nom? Bien qu'à première vue la négative semble résulter de la rédaction de l'art. 1549, 2ᵉ al., j'embrasse l'opinion contraire. On peut dire que, si le texte s'exprime ainsi, c'est qu'il s'est occupé dans une même disposition de diverses hypothèses : pour dépouiller la femme du droit d'agir elle-même, il faudrait une exclusion plus précise. D'ailleurs Domat, traité des Dots, nº 3, dit que la femme peut aussi agir, pourvu que le mari y consente et qu'il l'autorise, et il est difficile de penser que le code ait voulu faire plus que reconnaître au mari le droit d'agir seul. (*V.* par arg. art. 83, 6º C. de pr.)

Le mari peut-il provoquer seul le partage définitif de l'immeuble dotal dont la femme est copropriétaire indivise avec des tiers? Ces tiers peuvent-ils le provoquer contre lui seulement? — La saisie de l'immeuble dotal peut-elle être poursuivie contre le mari seul? — Ces questions sont fort délicates; néanmoins je me prononcerais pour la négative. (818, 2208. *V.* par arg. 464 et 465, 482 et 840, 1428 et 818.)

Quelques lignes sur la responsabilité du mari. (1562, 2ᵉ al.) Il me serait impossible de donner une analyse de tous les genres de responsabilité que peut encourir le mari; il me paraît même difficile de tracer des règles, c'est aux magistrats à apprécier les faits. Seulement on peut dire, en général, que, si le mari ne fait pas les réparations d'entretien ou même les grosses réparations, il encourt la responsabilité; car les premières sont à sa charge, et il avait un moyen de satisfaire à la nécessité des secondes (1558); que, s'il accorde des délais aux débiteurs et qu'ils deviennent insolvables, ce peut être à ses risques; que, s'il laisse s'accomplir des prescriptions, il peut encore en être responsable, puisqu'il devait les interrompre. (1562.) Lorsque la chose dotale a été estimée d'une estimation ne valant pas vente, cette estimation sert à déterminer le montant de l'indemnité due par le mari.

—L'inaliénabilité de la dot (1) est l'effet le plus important du

(1) Je me sers de ces expressions générales, inexactes dans mon opinion, afin de ne rien préjuger sur la question relative à l'inaliénabilité de la dot mobilière.

régime dotal ; cependant elle n'est pas de l'essence de ce régime, elle est seulement de sa nature. L'art. 1557 suppose que sous le régime dotal la dot peut être aliénable ; et l'on serait conduit, dans le système opposé, à ne voir aucune différence entre la jouissance et la restitution de la dot stipulée aliénable, et la jouissance et la restitution des biens de la femme sous le régime sans communauté, ce qui est inadmissible ; je crois l'avoir démontré.

Pour trouver l'origine de cette inaliénabilité, il faut remonter au droit romain. Dans le droit des premiers siècles de Rome, la femme, le plus ordinairement, passait *in manu mariti*, et sous cette sorte d'union, où la femme est considérée comme fille de famille de son époux, où, par conséquent, celui-ci acquiert la propriété de tous ses biens, je ne conçois pas le régime dotal. Ce régime, la dot, n'a pu prendre naissance que dans les mariages où la femme ne tombait pas *in manu mariti*. Mais alors que ces mariages apparaissaient comme une exception dans la société romaine, l'état de choses général, les effets de la *manus* durent exercer une grande influence sur l'étendue des droits conférés au mari sur les biens dotaux, et il n'est pas étonnant que ces biens devinssent sa propriété pleine et entière. — Je ne voudrais pas me jeter dans des détails historiques qui seraient hors de saison ; mais qu'il me soit permis, afin de bien déterminer le caractère de l'inaliénabilité de la dot à son origine, de rappeler, ici, qu'au temps où Auguste fonda le trône impérial à la place des derniers vestiges de la république évanouie depuis longtemps sous l'ambition des chefs militaires et le nombre des factions, Rome était épuisée déjà par l'immensité de ses conquêtes, déchirée et dépeuplée par les guerres civiles, enfin rongée dans son sein par la corruption des mœurs. Or, entre tous les maux qui désolaient l'empire, le chef suprême eut à combattre la dépopulation qui croissait d'une manière effrayante, et l'on vit paraître les fameuses lois *Papia poppœa*, la loi *Julia de maritandis ordinibus*, et puis aussi la loi *Julia de adulteriis*, qui, pour favoriser les secondes noces, comme attrait au mariage, et toute pleine de cette pensée que la famille croît et se multiplie dans l'aisance et les garanties d'avenir, vint poser le principe de l'inaliénabilité du fonds dotal : ce principe est né avec un but d'intérêt public ; aussi les conventions particulières ne purent modifier les règles qui venaient de défendre d'une manière absolue que le fonds dotal fût grevé d'hypothèques, et ne permettre son aliénation qu'avec le consentement de la femme (1). Avec la législation justinienne, la règle de l'inaliénabilité s'étendit et se généralisa : la distinction des fonds italiques et provinciaux fut effacée, et l'aliénation, même du consentement de la femme, se trouva prohibée.

Héritiers de la législation romaine, les pays de droit écrit accueillirent le régime dotal et son inaliénabilité; mais ces pays reconnurent, en même temps, la faculté, pour les époux, de déroger à ce régime; c'est un grand pas vers des idées différentes.

A notre époque, où l'une des sources les plus puissantes de la richesse sociale et privée se trouve dans la libre circulation des biens, le régime dotal devait inspirer de fortes répugnances et soulever de nombreuses critiques. — Dans sa première rédaction, le titre du contrat de mariage ne s'occupait pas du régime dotal; s'il était conservé, il était compris dans la disposition si large de l'art. 1387, mais remarquez que l'un des textes du projet portait, en termes exprès, que les immeubles constitués en dot seraient aliénables, que toute convention contraire serait nulle. (V. art. 138 du projet.) De vives réclamations s'élevèrent des pays méridionaux : le régime dotal fut organisé. On conçoit que la société soit obligée de montrer une extrême sollicitude en faveur des associations secondaires qui la composent et qui prennent leur source dans le mariage; d'autre part, le législateur peut s'efforcer de combattre les mœurs antiques qui sont enracinées au sein de la population; mais, jusqu'au jour où le temps aura porté sa lumière au milieu des masses, il est tenu de donner satisfaction à ces vieilles habitudes : je constate donc que c'est par une concession pour ainsi dire forcée, et pour satisfaire aux usages des anciens pays de droit écrit, que le régime dotal figure dans notre code. L'inaliénabilité qu'il consacre offre de sérieux inconvénients; elle est un obstacle à la libre circulation des biens; elle est une limite au libre exercice du droit de propriété, car elle est irrévocable comme le contrat

---

(1) A côté de ce principe dicté par les nécessités sociales, il ne faut pas oublier que le législateur romain s'est toujours préoccupé de la fragilité de la femme. (*V.* l. 2 ff. Ad. S. C. Vell. et ce titre.)

de mariage; enfin elle présente le spectacle bizarre de la personne restreignant, par une convention, la capacité qu'elle tient de la nature et que les lois ont sanctionnée. J'ajoute que ces inconvénients peuvent être d'autant plus graves, surtout dans le système de la jurisprudence sur la dot mobilière, que la dotalisation des biens n'a pas de limites, puisque la femme est admise à se constituer en dot sa fortune entière, même sa fortune à venir. Reconnaissons pourtant que cette inaliénabilité fait du régime dotal un régime de conservation et de sécurité : elle a le grand avantage d'assurer le repos et l'aisance dans la famille.

Quoi qu'il en soit, l'inaliénabilité est aujourd'hui une exception : attachée à la dot sous tout autre régime que le régime dotal, elle exige une stipulation expresse à cet égard ; attachée à la dot sous le régime dotal, elle est exceptionnelle comme ce régime lui-même ; en second lieu, et c'est une conséquence, elle est conventionnelle ; et, pour la caractériser en elle-même, je dirai qu'elle est à la fois personnelle et réelle : réelle, car elle s'attache à la chose ; personnelle, car on ne la saurait trouver seulement dans la chose qui n'a pas changé de nature et dont la destination n'entraîne pas nécessairement l'inaliénabilité ; car elle est restrictive de la capacité de la personne. Ce caractère de réalité et de personnalité est corrélatif et indivisible.

— A quels actes, à quels faits s'oppose l'inaliénabilité ? — Je crois qu'on peut dire d'une manière générale que l'inaliénabilité s'oppose non-seulement à l'aliénation de la pleine propriété de tout ou partie de la chose, soit par translation immédiate, soit par aliénation lointaine, mais encore à tous actes qui ont pour objet un démembrement du droit de propriété, qui mettent obstacle à son exercice plein et entier, peuvent diminuer ses garanties ou porter atteinte à son intégralité.

Inaliénable, la dot ne peut être ni donnée ni vendue. — Inaliénable, la dot échappe à l'exécution de toute obligation consentie pendant la durée de cette inaliénabilité, car l'obligation renferme en germe une aliénation lointaine ; et, d'ailleurs, si corrélativement à l'indisponibilité du bien se produit l'incapacité de la femme, l'obligation qu'elle a consentie, valable en elle-même, est non valable eu égard aux biens dotaux. La femme n'a pas pu affecter à l'exécution de son engagement la chose qu'elle ne pouvait aliéner : *Qui s'oblige oblige le sien* est une maxime inapplicable ici dans sa seconde partie. La femme s'est obligée, soit; mais elle n'a pas obligé son bien dotal, qu'elle n'avait pas capacité d'aliéner. — A plus forte raison, la dot échappe à toute concession d'hypothèque, à tout privilège. — Inaliénable, la dot est inviolable tout entière et dans chacune de ses parties; on ne peut donc démembrer le bien dotal, le grever de servitudes, de droits d'usufruit, d'usage ou d'habitation; on ne peut renoncer aux droits de cette nature attachés à la dot. — Inaliénable, la dot ne saurait être dépouillée des garanties accessoires qui assurent sa conservation; toutefois la loi a permis la réduction de l'hypothèque légale de la femme sur les biens de son mari, mais elle a pris les précautions les plus minutieuses. (*V.* ar¹. 2140 et suiv.) — Enfin, inaliénable, la dot est imprescriptible. (1561.) Remarquez que ceci n'est pas applicable à la prescription qui a commencé avant le mariage. Remarquez aussi que, bien que l'inaliénabilité survive à la séparation de biens (*v.* inf.), le législateur a cru devoir admettre la prescriptibilité après cette séparation.

L'inaliénabilité de la dot ne s'oppose pas, du reste, à ce que la femme puisse disposer de sa dot par testament, car le testament ne s'ouvre qu'à la mort du testateur, et à la mort de la femme il n'y aura plus de bien dotal, l'inaliénabilité se sera évanouie.

Que décider relativement aux transactions, aux compromis, aux renonciations à succession, aux partages, aux institutions contractuelles, aux obligations qui naissent des délits ou des quasi-délits ?

L'art. 2045 (1ᵉʳ alinéa) ne donne le pouvoir de transiger qu'aux personnes qui ont la capacité de disposer des objets compris dans la transaction; est-ce à dire qu'il sera impossible de transiger lorsqu'il s'agira d'une contestation relative à un immeuble dotal? J'ai peine à consentir à une solution aussi extrême: il est des circonstances dans lesquelles la transaction offre des avantages très-grands, et ce serait un véritable malheur qu'elle fût interdite aux époux. Après tout, la transaction n'est pas en elle-même une aliénation réelle, puisqu'elle porte sur des droits incertains, et qui sont ou seront mis en litige. Je pense qu'on peut se borner à exiger l'homologation du tribunal. — S'agit-il, au contraire d'un compromis, je n'aperçois pas les mêmes nécessités, et d'ailleurs les textes le prohibent d'une manière formelle. (1003 et 1004, C. de pr.) (1)

Une femme s'est constitué en dot ses biens présents et à venir, une succession s'ouvre pendant le mariage à son profit, peut-elle renoncer? Oui, sans doute; l'effet de la saisine n'y met pas obstacle, car cet effet est soumis à la condition que l'héritier saisi ne renoncera pas dans le délai fixé par l'art. 789. L'héritier qui renonce est réputé n'avoir jamais été héritier (785); par suite de la renonciation de la femme, la dotalité et l'inaliénabilité seront censées n'avoir jamais frappé les biens de la succession répudiée. S'il en était différemment, on aperçoit qu'il y aurait dans la constitution en dot des biens à venir une acceptation implicite de successions non encore ouvertes, ce qui est impossible. Mais il faut faire attention que, si la renonciation était faite par la femme avec l'autorisation de justice, le mari ne serait pas privé de son droit de jouissance.

On se souvient de ce que nous avons dit sur l'action en partage (818), mais l'inaliénabilité s'oppose-t-elle à ce qu'il soit procédé à un partage amiable? Je ne le crois pas. Le partage n'est pas une aliénation, et je ne vois pas comment il serait possible de contraindre à faire un partage en justice. Toute indivision me paraît soumise à la condition qu'un jour on sortira de cet état; le partage n'est autre chose que la réalisation de cette condition : le caractère et le but de l'acte de partage, c'est la fixation des droits de chacun des copropriétaires, droits qui étaient partout sur les biens indivis et qui n'étaient nulle part, parce que partout ils rencontraient un droit parallèle; mais le partage n'est pas l'anéantissement des droits de l'un au profit de son copartageant, et j'avoue que dans un partage parfaitement égal je ne puis voir ni échange ni aliénation. L'inégalité dans les lots est la seule chance d'aliénation qui me paraisse véritable dans un partage, et cette chance ne suffit pas pour modifier la nature de l'acte. Un texte, au reste, a prévu dans quels cas l'intervention de la justice serait nécessaire pour sortir d'indivision, et ce texte suppose que *l'immeuble indivis est reconnu impartageable.* (1558, 6e alinéa). Licitation et partage ne sont pas même chose.

J'ai dit que l'inaliénabilité ne s'oppose pas à ce que la femme

---

(1) La nullité est-elle absolue? — Non. — *Quid* si l'immeuble dotal était aliénable? (1557.) — *V.* Boncenne, *Théo. de la procéd.*, t. II, n. 284 et 285.

puisse disposer de sa dot par testament : faut-il assimiler au legs une institution contractuelle? La question est controversée ; je pense que l'institution contractuelle ne peut s'appliquer à la dot; car, s'il est vrai qu'elle ne doit s'ouvrir qu'à la mort du constituant, elle est irrévocable, et ce caractère la sépare essentiellement des testaments, qui n'engendrent aucun lien de droit, aucune obligation avant le décès du testateur. L'irrévocabilité de l'institution contractuelle n'est pas absolue, j'en conviens ; mais elle embrasse les dispositions à titre gratuit, et c'est assez pour qu'elle altère la destination de la dot, dans l'une de ses parties importantes. La dot a pour but le soutien de la famille : elle a pour but aussi l'établissement des enfants; et ce but ne peut plus être atteint s'il existe une institution contractuelle, puisque la dotation est, à l'égard des personnes dont elle émane, une pure libéralité.

Quant aux obligations qui naissent des délits ou des quasi-délits, elles sont exécutoires sur la dot, malgré son inaliénabilité. Cette inaliénabilité est conventionnelle, et je ne comprendrais pas la possibilité d'une convention qui tendrait à assurer à l'une des parties l'impunité de ses délits ou de ses quasi-délits. Ensuite j'ai pensé qu'il n'est pas possible d'enfermer l'inaliénabilité dans la chose dotale; elle se réunit corrélativement à l'incapacité de la personne : la femme est en fait, quant à sa dot, placée dans une sorte de minorité exceptionnelle, que le législateur a permis de créer à cet instant où une famille nouvelle va s'organiser ; et l'on sait qu'un mineur n'est pas restituable contre les obligations résultant de ses délits ou quasi-délits. (1310.) Enfin on a dit, avec beaucoup de raison, que le régime dotal doit être l'abri de la faiblesse, non la terre d'asile de la perversité. (*Voy.* art. 544, *Cout. de Normandie.*)

— *A quelles choses s'applique l'inaliénabilité?* — Il est nécessaire de se reporter ici à l'examen de cette question : *quels biens sont dotaux ?* Mais tous les biens dotaux sont-ils inaliénables ? Ou le pourrait croire à notre langage, car nous avons toujours parlé de l'inaliénabilité de la dot ; nous l'avons fait avec intention et parce que la solution de la question que nous posons maintenant offre une dissidence bien tranchée entre la jurisprudence et la doctrine. Je ne vais pas essayer d'analyser les éléments d'un débat sérieux au fond, mais qui, en fait, semble vidé d'une manière irréfragable par les arrêts; cependant je dois ici exprimer mon opinion. Je pense que l'immeuble dotal est seul inaliénable, et, en présence des textes, il me semble que l'on a dépassé la volonté du législateur, lorsque l'on a jugé que l'inaliénabilité s'applique même à la dot mobilière. Au reste, ce dernier système, pour être sainement entendu, doit être tempéré par l'application de la règle de l'art. 2279 : *en fait de meubles, possession vaut titre,* et par une large interprétation des pouvoirs conférés au mari comme administrateur de la dot.

Si l'immeuble dotal est inaliénable, les *fruits futurs* de cet immeuble le sont-ils aussi ? — C'est une des questions les plus graves et les plus difficiles de la matière. Trois opinions sont en présence : entrer dans l'examen et la discussion de chacune d'elles m'entraînerait beaucoup trop loin. Je me bornerai donc à émettre la solution que j'ai cru devoir embrasser : je crois, en général, les fruits futurs inaliénables.

C'est ici le lieu de dire quelques mots d'une question que j'ai déjà eu l'occasion d'annoncer. — Lorsqu'une femme s'est constitué en dot ses biens à venir, ceux qui lui échoient après le mariage sont-ils dotaux, par conséquent inaliénables, et ainsi échappent-ils à l'exécution des obligations contractées pendant la durée du mariage ? — Ces biens ne sont ni dotaux ni inaliénables. La dot est le bien que la femme apporte au mari, pour supporter les charges du mariage. Avant le mariage, aucun bien n'est encore dotal ; après le mariage, la dotalité ne peut s'imprimer sur aucun bien que ce soit. Il est évident que la femme ne pourrait pas, par une stipulation expresse, se constituer en dot uniquement les biens qui lui écherront, à compter de la dissolution du mariage, et une constitution en dot générale ne saurait embrasser des biens pour lesquels on ne comprend pas une stipulation spéciale. En vain on essayerait de prétendre que la créance est née à une époque où la femme était incapable de s'obliger. J'ai donné la mesure de l'incapacité de la femme ; elle n'est pas absolue, mais corrélative à l'indisponibilité du bien : dès lors l'obligation en elle-même est très-valable si la femme a été autorisée ; et, puisque le créancier s'attaque à un bien qui n'a jamais été indisponible entre les mains de la femme, il peut obtenir son payement sur ce bien. Ajouterai-je que le système contraire, en dotalisant ainsi *in per-*

petuum tous les biens à venir, arriverait à placer la femme, pendant la durée du mariage, dans une incapacité absolue de contracter aucune obligation ? cela ne peut pas être.

—Je me suis longuement occupé de l'inaliénabilité de la dot, *quelle est sa sanction, sa garantie?* — L'aliénation consentie au mépris des prohibitions des conventions matrimoniales est entachée de nullité. — Cette nullité est-elle relative ou absolue? Distinguons :

La chose dotale est la propriété de la femme ; si l'aliénation a été consentie par le mari seul, il y a aliénation de la chose d'autrui. (*V.* 1599.) La vente, à l'égard de la femme, sera considérée comme n'existant pas ; si le tiers acquéreur a été mis en possession, il y a lieu à revendication.

L'aliénation a-t-elle été consentie par la femme (1), il en sera différemment. Je ne puis voir, je le répète, dans le bien constitué en dot, un bien placé hors du commerce, inaliénable par lui-même : la femme, en stipulant le régime dotal, s'est placée, relativement à ce bien, dans une sorte de minorité qu'elle croyait salutaire pour mettre la famille à l'abri de sa faiblesse, et je ne saurais apercevoir dans l'aliénation qu'une nullité relative personnelle à la femme. (1125.) Il y a lieu à une action en nullité. — De là diverses conséquences : cette aliénation d'un bien dotal peut être cautionnée (2012) ; elle est susceptible de ratification après la dissolution du mariage, puisqu'à cette époque l'incapacité de la femme et l'indisponibilité du bien se trouvent levées. L'action en nullité se prescrit par le délai de dix ans à partir du jour où une ratification expresse peut intervenir (1304, 1560) ; elle ne peut être exercée par l'acquéreur...

Tant que la jouissance et l'administration de la dot demeurent aux mains du mari, il peut exercer seul l'action en nullité. (1549, 2e al.) J'ai pensé que cet article n'interdit pas le droit d'agir à la femme dûment autorisée.—Le mari, dans son action, ne saurait en aucun cas être repoussé par l'exception de garantie ; il agit en qualité d'administrateur.—Après la séparation de biens, l'action appartient à la femme seule, mais la prescription ne

---

(1) Nous supposons la femme autorisée de son mari, car le défaut d'autorisation constituerait une autre cause de nullité. (217, 1124, 1125.)

court pas avant la dissolution du mariage : l'inaliénabilité subsiste toujours ; la femme ne peut ratifier l'aliénation de la dot ni expressément ni tacitement. (1560, 1561, 2255, 1304.) Si le mariage s'était dissous par la mort du mari, n'y ayant plus ni dot ni inaliénabilité, la ratification serait devenue possible, et l'action de la femme serait soumise à la prescription de dix ans. — Après la dissolution du mariage par la mort de la femme, l'action appartient à ses héritiers : appliquez ce que je viens de dire. Si les héritiers de la femme devaient la garantie de leur chef, l'exception leur serait opposable ; mais les magistrats pourraient être appelés à examiner si le principe de leur obligation de garantie n'a pas le caractère d'un pacte sur succession future.

Quand l'aliénation est émanée du mari seul, j'ai déjà dit qu'il faut se reporter à l'art. 1599 : observons cependant que l'on pourrait croire, en présence de l'art. 1560, 2e al., *in fine*, et de la discussion du conseil d'État, que la responsabilité du mari envers l'acquéreur est plus étroite que dans les cas ordinaires de vente de la chose d'autrui : il semble, en effet, que le mari est assujetti aux dommages-intérêts du moment qu'il n'a pas déclaré dans le contrat que le bien vendu était dotal (1). — Quoi qu'il en soit, l'action en revendication qui appartient à la femme peut être exercée par le mari seul, comme administrateur de la dot (1549, 2e al.) sans que l'exception de garantie puisse lui être opposée. L'action pourrait être exercée par la femme ayant l'autorisation du mari. (215.) La séparation de biens prononcée, l'action est exercée par la femme, non plus par le mari. La prescription ne court pas contre la femme (1560, 1561, 2255 et 2256, 2°). — Après la dissolution du mariage, le tiers mis en possession peut, comme possesseur, devenir propriétaire par le bénéfice de la prescription (2262 et suiv.). Ajoutons que la femme ou ses héritiers pourraient être repoussés dans l'action en revendication par l'exception de garantie, s'ils étaient tenus de la garantie comme successeurs du mari vendeur (2). — Il faut

---

(1) Sur les droits du tiers acquéreur, *v.* 1599 et 1560. Rap. 1138, 1184, 1653, 1630 et suiv.

(2) Sur l'obligation de garantie, *v.* M. Duranton, t. XVI, n° 247 et suiv., t. XI, n° 265, et M. Troplong, de la vente, art. 1626.

noter que, lorsque l'objet de l'aliénation faite par le mari est une chose mobilière, quoique l'on considère la dot mobilière comme inaliénable, le tiers acquéreur est à l'abri de toute action s'il est acquéreur de bonne foi (2279), sauf la responsabilité du mari envers la femme ou ses héritiers.

— Enfin recherchons *quelles sont les exceptions à l'inaliénabilité de la dot.*

L'art. 1557 dispose : « L'immeuble dotal peut être aliéné lorsque l'aliénation en a été permise par le contrat de mariage. » Il y a alors plutôt une clause modificative du régime dotal qu'une exception à l'inaliénabilité.

La dérogation a plus ou moins d'étendue selon les dispositions du contrat de mariage ; des difficultés sérieuses d'interprétation pourront souvent s'élever en cette matière ; on devra toujours s'attacher, pour les résoudre, au contrat lui-même, à son ensemble, à ses expressions. Je donnerai quelques règles générales : — La réserve de la faculté de *vendre* n'emporte pas celle de donner ou d'hypothéquer, car donner c'est faire plus que vendre, et hypothéquer est chose différente et plus dangereuse. — La réserve du droit de *donner*, sans limitation de personnes, emporterait, au contraire, le droit de vendre, car c'est faire moins. — La réserve du droit d'*aliéner* comprend-elle le droit d'hypothéquer ? La question est délicate, car le mot aliéner est générique ; il est plus étendu que le mot vendre, et l'hypothèque n'est, après tout, qu'une aliénation lointaine, comme celle que renferme en germe l'obligation pure et simple. Je répète qu'il faudra par-dessus tout méditer les conventions matrimoniales ; mais je croirais que le droit d'hypothéquer n'est pas une conséquence nécessaire de la faculté d'aliéner, parce que l'hypothèque offre beaucoup plus de dangers qu'une dépossession immédiate ; elle conserve l'espérance à côté du péril.

Au cas de l'art. 1557, le droit d'aliéner appartient à la femme dûment autorisée, car elle seule est propriétaire.

Lorsque la faculté d'aliéner a été soumise par le contrat de mariage à une condition déterminée, si la condition n'a pas été exécutée, l'inaliénabilité subsiste : d'où la conséquence que l'acquéreur qui veut se mettre à l'abri de la nullité de la vente doit veiller à l'exécution de la condition à laquelle est subordonnée sa validité ; il se trouve garant de cette exécution.

Les diverses exceptions à l'inaliénabilité ont leur principe, soit dans la destination même de la dot (1555, 1556, 1558, 3ᵉ et 5ᵉ al.), soit dans la nécessité (1558), soit enfin dans l'opportunité de l'aliénation (1559).

Pourvoir aux besoins de la famille, lui procurer le calme et l'aisance, assurer son avenir, c'est la destination de la dot : cette destination réclamait qu'elle pût être aliénée à l'effet de pourvoir à l'établissement des enfants. (1555, 1556.) S'agit-il de l'établissement d'un enfant commun, le législateur n'a pas douté de l'affection paternelle, et la donation des biens dotaux ne peut avoir lieu que de son consentement : il y a peut-être là quelque chose de bizarre ; mais la femme, ce semble, ne pourrait recourir à la justice que dans les cas où elle serait dans l'impossibilité de demander l'autorisation maritale. (Rap. de 1555 et 1556 les art. 1427 et 511.) — S'agit-il, au contraire, de l'établissement de l'enfant d'un autre lit, au refus de son époux, la mère peut obtenir l'autorisation du tribunal : dans ce cas, le droit de jouissance, qui appartient au mari sur les biens dotaux, demeure intact. (1556.)

Il n'y a pas d'établissement que par mariage : l'art. 204 parle de l'établissement par mariage ou *autrement*. D'un autre côté, des spéculations passagères, agricoles ou commerciales, des actions dans une société ne forment pas un établissement ; ce mot suppose quelque chose de durable, quelque chose qui assure l'avenir, comme l'achat d'un office, l'achat d'un fonds de commerce ; etc... — L'aliénation de la dot sera-t-elle possible pour le remplacement militaire? La lettre rigoureuse des textes conduit à la négative ; mais la raison, mais l'esprit de la loi ne répondent-ils pas différemment? *Qui veut la fin veut les moyens*, et comment procurer un établissement à l'enfant, si on ne peut le racheter du service militaire? Souvent aussi il arrivera qu'on pourra invoquer le troisième alinéa de l'art. 1558 : le fils peut être le soutien de ses vieux parents.

Je passe à l'art. 1558. « L'immeuble dotal peut encore être aliéné avec permission de justice...

— 1° « Pour tirer de prison le mari ou la femme. » La justice n'autorisera donc pas la vente pour les soustraire à la contrainte par corps : on ne sait, jusqu'à l'incarcération, si le créancier exécutera ses menaces, si l'époux ne trouvera pas le moyen de payer. Pourtant la loi est bien rigoureuse. Dans de nombreuses circonstances, elle peut avoir des résultats fâcheux : peut-être il est à regretter qu'on n'ait pas laissé davantage aux lumières et à la prudence des magistrats.

2° « Pour fournir des aliments à la famille dans les cas prévus par les art. 203, 205 et 206, au titre du Mariage. » Bien évidemment aussi aux époux eux-mêmes.

3° « Pour faire de grosses réparations indispensables pour la conservation de l'immeuble dotal. » (1)

4° « Lorsque cet immeuble se trouve indivis avec des tiers, et qu'il est reconnu impartageable. »

5° « Pour payer les dettes de la femme, ou de ceux qui ont constitué la dot, lorsque ces dettes ont une date certaine, *antérieure au contrat de mariage.* »

La rédaction de cet alinéa est bien peu claire et bien peu satisfaisante : je crois qu'il serait fort difficile d'arriver à l'intelligence complète de cette exception, si pour descendre à l'analyse on ne substituait pas à la lettre du Code sa pensée et son motif. Or la pensée du législateur n'a-t-elle pas été, qu'il est essentiellement utile, sinon nécessaire, de permettre l'aliénation de la dot pour arriver à l'acquit d'une obligation, dans les cas où le créancier a le droit d'obtenir son payement sur le bien dotal par une voie beaucoup plus longue et beaucoup plus onéreuse ? Recherchons donc à quels créanciers appartient le droit de faire saisir et vendre la dot, malgré son inaliénabilité. Il faut distinguer :

Dettes contractées par la femme. — Peuvent avoir le droit d'agir sur le bien dotal les créanciers envers lesquels la femme s'est valablement obligée avant que ce bien eût été frappé de dotalité et fût, par suite, devenu inaliénable. La dotalité et l'inaliénabilité ne peuvent commencer avant le mariage; d'où la conséquence que la vente pourra être autorisée pour payer les dettes de la femme antérieures au mariage, pourvu qu'elles aient

---

(1) En général, on décide que les condamnations aux dépens, dans les causes relatives aux biens dotaux, peuvent s'exécuter sur ces biens.

date certaine : cette restriction était indispensable pour prévenir les fraudes. Le texte ne s'est pas exprimé en ces termes, il a dit *antérieures au contrat de mariage;* mais je pense que c'est une erreur semblable à celle que nous trouvons dans l'art. 2194; on peut s'en convaincre par le rapprochement de l'art. 1410. D'ailleurs, ces mots *contrat de mariage* sont quelquefois employés pour désigner la convention par laquelle se forme l'union des époux, et c'est en ce sens qu'il faut les entendre ici. Cependant, comme ce point est d'une haute importance, je présenterai quelques observations. — Je suis vivement touché des inconvénients qui pourraient résulter de la disposition de l'art. 1558, si, la prenant à la lettre, il fallait dire que les créanciers, en vertu d'obligations consenties par la femme dans le temps intermédiaire qui aurait séparé la rédaction des conventions matrimoniales de la célébration du mariage, ne seront pas entendus à poursuivre l'exécution de leur créance sur les biens constitués en dot. La conséquence ne va rien moins qu'à considérer la femme même avant le mariage, c'est-à-dire alors que rien n'est changé ni dans son état ni dans sa position, comme incapable d'affecter au payement de ces obligations les biens qu'elle s'est constitués en dot ; et comme le contrat de mariage est inconnu, que les tiers ne peuvent s'assurer qu'il existe, ni la femme prouver qu'il n'existe pas, comme la dot peut embrasser la totalité des biens, on arriverait à altérer par un doute et une inquiétude possibles, pour ainsi dire toujours, la sécurité que doivent présenter aux tiers les opérations passées avec des femmes non mariées. Faut-il ajouter un argument de droit qui nous paraît décisif? Pourquoi le créancier envers lequel la femme s'oblige pendant la durée du mariage n'a-t-il pas pour gage, conformément à l'art. 2092, tous les biens de sa débitrice, même les biens dotaux ? C'est que ces biens sont inaliénables. Eh bien, l'inaliénabilité existe-t-elle avant le mariage? Non, l'art. 1554 est formel ; en présence de cet article, il serait impossible d'arguer de nullité l'aliénation ou l'hypothèque consentie par la femme entre la rédaction des conventions matrimoniales et la célébration du mariage ; comment voudrait-on que la femme ne puisse pas affecter à la garantie de ces obligations les biens qu'elle peut aliéner et hypothéquer? Du tiers créancier au débiteur, que fait de plus que l'art. 2092 une concession d'hypothèque ? Je ne le vois pas, et je n'aperçois pas le fondement d'une distinction qui peut-être, pour concilier les art. 1554 et 1558, séparerait les créanciers avec hypothèque, des créanciers purement chirographaires. Un mot encore pour répondre à un argument produit à l'appui de la lettre de l'art. 1558, et qui ne me paraît que spécieux. Un auteur fort célèbre a dit que l'aliénation ne peut être autorisée pour payer des créanciers postérieurs à la rédaction des conventions matrimo-niales, parce que, s'il en était différemment, la femme aurait un moyen d'apporter des changements à ces conventions. Il me semble que c'est oublier beaucoup l'intérêt des tiers, et puis j'avoue que, si cet argument est réellement fondé, je ne puis plus m'expliquer ni l'art. 1410, ni l'art. 1554.

Du reste, lorsque la constitution de dot est à titre particu-lier, les créanciers purement chirographaires antérieurs à la rédaction du contrat, ou, à mon avis, seulement à la célébra-tion du mariage, n'ont d'action que sur la nue propriété du bien dotal ; le mari ne peut être privé sans son consentement du droit de jouissance qui lui a été apporté par la femme. Il y a toutefois cette différence entre ces deux classes de créanciers, que ceux qui sont antérieurs à la constitution de dot pourraient, aux termes de l'art. 1167, faire tomber cette constitution comme faite en fraude de leurs droits.

Quant aux créanciers dont le titre n'a pas date certaine, an-térieure au mariage, ou n'a qu'une date postérieure au mariage, ils ne peuvent agir sur les biens dotaux ; l'aliénation ne peut être autorisée pour les payer. Cependant, il est un cas où cette autorisation me paraîtrait possible, c'est celui où le contrat de mariage, permettant l'hypothèque de l'immeuble dotal, l'alié-nation serait réclamée pour payer un créancier auquel une hypothèque aurait été concédée ; car, qu'importe la date de la créance, puisque ce créancier pourrait faire saisir et vendre l'immeuble dotal ?

Dettes des successions qui échoient ou des donations qui sont faites à la femme pendant le mariage. — Que l'on suppose que la femme s'est constitué en dot ses biens à venir, les suc-cessions qui lui échoient, les donations qui lui sont faites pendant le mariage sont dotales ; mais il faut bien reconnaître que, pour acquitter les dettes dont ces successions seront grevées, pour acquitter les charges qui pèseront sur ces donations, le tribunal pourra accorder l'autorisation d'aliéner.

Dettes des tiers qui ont constitué la dot. — Le texte semble exiger encore, pour admettre l'exception à l'inaliénabilité, que la dette soit antérieure au contrat de mariage; cependant voyons : on se souvient que tout ce qui est donné à la femme en contrat de mariage est dotal, s'il n'y a stipulation contraire. (1542.) Je suppose qu'il est fait donation à la femme, par exemple, d'un immeuble; la donation est d'un objet particulier; aucune des dettes du donateur ne passe à la charge du donataire; l'aliénation de la dot ne sera autorisée que pour l'exécution des charges imposées par une clause de la donation, ou pour l'acquit d'une créance hypothécaire. (*Voir* art. 945, 947 et 1086.)(1)—Si la donation est de tous les biens présents ou d'une quote-part de tous ces biens, que décider? Cela dépend de la solution de cette question : la donation de tous les biens présents ou d'une quote-part de tous ces biens est-elle à titre universel ou à titre particulier, et, par suite, le donataire est-il ou non chargé de la totalité ou d'une partie proportionnelle des dettes du donateur au moment de la donation? En admettant que les dettes passent à la charge du donataire, il ne sera tenu que des dettes antérieures à la libéralité, au contrat de mariage par conséquent : nous serons bien dans le texte. Mais, lorsque le tiers donateur a, par le contrat de mariage, fait donation de tout ou partie des biens qu'il laissera à son décès, il est impossible de se tenir dans la rigueur du texte, et il faut dire que l'aliénation de la dot peut être autorisée pour payer tout ou une quote-part proportionnelle des dettes contractées par le disposant, sans distinction de date avant ou depuis le contrat de mariage et même le mariage, car il n'y a de biens que dettes déduites, et le donataire succède à titre universel. Enfin le tiers a-t-il fait à la femme une donation cumulative de biens présents et à venir? De deux choses l'une : lors du décès du donateur, ou la femme acceptera la donation pour le tout et

---

(1) On admettrait avec raison que le tribunal peut, suivant les circonstances, autoriser la vente de l'immeuble dotal pour payer des créanciers qui pourraient, en vertu de l'art. 1107, faire annuler la constitution en dot.

les dettes suivront les biens du défunt, quelle que soit l'époque de leur naissance, ou bien la femme s'en tiendra aux biens présents, et, dans ce cas, l'état des dettes existantes au jour de la donation annexé à l'acte déterminera celles pour lesquelles l'aliénation pourrait être autorisée.

Quelques observations générales se présentent sur les diverses causes d'aliénation prévues par l'art. 1558.

La réalisation des conditions auxquelles sont soumises les exceptions à l'inaliénabilité de la dot est indispensable pour que l'aliénation soit valable. Ces conditions sont : l'obtention préalable de l'autorisation de justice, le ministère public entendu ; l'autorisation donnée pour une des causes spécifiées par le législateur ; l'accomplissement des formalités tracées pour la vente ; l'application de tout ou partie du prix à la nécessité qui a motivé l'aliénation ; enfin l'emploi de l'excédant du prix selon les termes de la loi. — L'absence de l'une de ces conditions entache la vente de nullité, l'acquéreur est donc le premier intéressé à surveiller leur accomplissement.

La vente serait nulle si elle avait été basée sur une cause autre que celles admises par la loi, et le tiers acquéreur invoquerait en vain l'autorité de la chose jugée, car l'autorisation n'est qu'un acte de juridiction gracieuse et serait viciée d'incompétence. — L'acquéreur n'est pas garant de l'existence réelle de la cause de l'aliénation, c'est au tribunal à s'assurer de cette existence ; et les époux ne seraient pas entendus à invoquer la fraude à l'aide de laquelle ils auraient trompé la justice et la bonne foi de l'acheteur du bien dotal.

Quant aux formalités tracées pour la vente, il faut rapprocher de l'art. 1558 la disposition de la loi du 2 juin 1841.

Enfin l'acquéreur se trouve garant de l'application du prix de vente à la cause qui a déterminé l'aliénation, et de l'emploi de l'excédant : s'il ne surveille pas cette application et cet emploi, il s'expose à payer une seconde fois ou à voir invoquer contre lui l'inaliénabilité. — Toutefois ne nous jetons pas dans une rigueur excessive, et si, par exemple, l'aliénation avait été autorisée pour fournir des aliments à la famille, l'acquéreur serait à l'abri en demandant au tribunal de fixer les époques et le quantum des payements qu'il devra faire, afin qu'il n'y ait pas de détournement possible ou qui lui soit reprochable.

L'art. 1558 ne dit pas que l'aliénation ne pourra être autorisée que du consentement de la femme; n'en concluez pas que ce consentement n'est pas nécessaire, car elle est propriétaire, et nul ne peut être privé de sa chose sans son fait; seulement, au cas d'indispensable nécessité, la femme refuserait en vain son adhésion.

J'ai dit que la réserve d'aliéner l'immeuble dotal inscrite au contrat de mariage n'emporte pas la faculté de l'hypothéquer; je crois ne pas être en contradiction avec moi-même en déclarant ici que le tribunal, au cas de l'art. 1558, pourrait autoriser l'hypothèque de l'immeuble dotal : il n'y a pas les mêmes dangers.

L'art. 1559 nous offre une dernière exception à l'inaliénabilité de l'immeuble dotal : « L'immeuble dotal peut être « échangé, du consentement de la femme, contre un autre « immeuble de même valeur, pour les quatre cinquièmes au « moins, en justifiant de l'utilité de l'échange, en obtenant « l'autorisation en justice, et d'après une estimation par experts, « nommés d'office par le tribunal. » — L'immeuble reçu en échange est dotal; l'excédant du prix, s'il y en a, l'est aussi, et il en est fait emploi comme tel au profit de la femme. (*V.* sup.)

Arrivant l'éviction de l'immeuble reçu en échange, on peut soutenir que l'inaliénabilité de la dot s'opposerait à ce que le mari pût exercer le droit d'option consacré par l'art. 1705, et qu'il devrait reprendre l'immeuble dotal échangé. Cependant j'admettrais volontiers le droit de conclure à des dommages-intérêts, sous la condition qu'il serait fait emploi de la somme obtenue.

III. — Nous sommes parvenu à la dernière partie de notre travail : occupons-nous de LA DISSOLUTION DU RÉGIME DOTAL, DES SUITES DE CETTE DISSOLUTION, ET PRINCIPALEMENT DE LA RESTITUTION DE LA DOT.

Les conventions matrimoniales se dissolvent par la mort naturelle ou civile de l'un des époux; elles se dissolvent aussi par la séparation de corps et par la séparation de biens seulement.

Ces deux dernières causes présentent quelque chose de particulier (1).

Dans quels cas y a-t-il lieu à séparation de corps et de biens, ou de biens seulement?—Quelle procédure doit être suivie?— A quelle condition peut être soumis le bénéfice du jugement obtenu? etc. Ces questions sont étrangères à mon sujet; elles ont leur solution dans d'autres parties de nos codes; examinons ce qui est spécial à notre régime.

Le mari mettait la dot de la femme en péril; par ses folles dissipations ou par suite des saisies continuelles de ses créanciers, les revenus des biens dotaux se trouvaient détournés de leur destination; la séparation de biens fera retourner aux mains de la femme la jouissance et l'administration de la dot: mais là doit s'arrêter la rupture des conventions primitives; la séparation de biens laissera subsister l'inaliénabilité des biens dotaux. (1554.) Il eût été imprudent et peu logique de dépasser ces limites: Le contrat de mariage est toujours la loi irréformable des parties; si, en présence d'une dure nécessité, la justice intervient et y porte une atteinte indispensable, il ne faut pas aller au delà des bornes tracées par la nécessité elle-même. L'influence maritale n'est pas anéantie tant que le mariage existe; déclarer la dot aliénable après la séparation des biens eût été enlever à la femme l'abri qu'elle s'était réservé contre cette influence. C'est pour rendre la dot à sa destination qu'on retire la jouissance et l'administration des mains du mari: concevrait-on qu'à cet instant on dépouillât les biens dotaux de l'attribut qui garantit surtout le bien-être, ou au moins l'existence de la famille? Au contraire, plus que jamais, l'indisponibilité des biens semble devoir être étroite, puisque les affaires du mari sont en désordre, et que l'on peut craindre, avec raison, qu'il n'abuse de son pouvoir dans l'espérance aveugle d'échapper à la ruine dont il est menacé.

La femme aura donc la jouissance et l'administration à la place du mari; mais ses droits n'auront ni la même étendue ni la même indépendance; on ne suivra pas l'art. 1549 : on suivra

---

(1) Au cas de faillite du mari, v. art. 557 et suiv., C. de comm. — Au cas d'absence déclarée, v. art. 123, C. civ.

les règles tracées par les dispositions qui s'occupent des effets de la séparation de biens, encore devra-t-on concilier ces règles avec l'inaliénabilité de la dot mobilière.

Si la séparation de biens laisse subsister l'inaliénabilité des immeubles dotaux, rappelons que l'art. 1561 déroge à l'une des conséquences de cette inaliénabilité, en admettant qu'ils deviennent prescriptibles. Dans sa sollicitude pour la sécurité des propriétés, le législateur a pensé que la femme ayant elle-même l'administration de sa dot, on pouvait, sans danger, laisser courir le délai de la prescription : mais cette dérogation n'est applicable qu'à la prescription, qui a son principe dans le fait du tiers possesseur, non dans une aliénation consentie par le mari ou par la femme (1).

Passons aux suites ordinaires. — Apportée au mari pour soutenir les charges du mariage, la dot s'éteint avec ces charges ; l'inaliénabilité qui pesait sur les biens dotaux s'évanouit ; mais ils ne sont pas soumis à l'action des créanciers, dont le droit est né pendant la durée du mariage.

Restitution de la dot. — Cette restitution est due par le mari ou ses héritiers, et par toute personne qui s'en est rendue garante. A la différence de ce qui s'observait dans notre ancien droit, la présence des père et mère au contrat de mariage de leur fils mineur n'emporte pas cette garantie. — La restitution de la dot est due à la femme ou à ses héritiers ; elle pourrait l'être au tiers qui l'a constituée, s'il y avait dans le contrat de mariage une stipulation expresse à cet égard.

Dans notre législation, le mari, dans aucun cas, ne gagne la dot. Il pourrait, cependant, tenir un tel bénéfice des conventions matrimoniales, sauf réduction, si la libéralité excédait la quotité disponible.

La dot consiste-t-elle en immeubles non estimés ou estimés, mais sans déclaration que l'estimation vaut vente, la restitution a lieu en nature ; consiste-t-elle en meubles ne se consommant pas par l'usage, non estimés ou estimés, mais avec déclaration

---

(1) Cette solution peut toutefois être controversée lorsque l'aliénation a été consentie par le mari seul, mais aux périls et risques de l'acheteur.

que l'estimation ne vaut pas vente, la restitution se fait aussi en nature. (1564.)—La chose constituée en dot était-elle, au contraire, une chose qui se consommait par l'usage, ou une chose mobilière ne se consommant pas par l'usage, mais livrée avec estimation, ou même un immeuble livré avec estimation et déclaration que l'estimation valait vente, la propriété est passée sur la tête du mari, la dot de la femme est une créance contre son époux, créance dont le quantum est fixé par l'estimation faite dans le contrat : la répétition de la dot consistera dans l'exercice de cette créance. (1565.) Remarquez, toutefois, la disposition favorable de l'article 1566, deuxième alinéa : « Dans tous les cas, la femme peut retirer les linges et hardes à « son usage actuel, sauf à précompter leur valeur, lorsque ces « linges et hardes auront été primitivement constitués avec esti- « mation. » — La chose constituée en dot était-elle un droit d'usufruit, un droit de rente viagère, une créance, ce droit, cette créance, doivent être rendus à la femme. (1567.)

Dans tous les cas où la restitution a lieu en nature, c'est que la propriété de la chose constituée en dot est restée à la femme ; par conséquent, dans tous ces cas, la chose est restituée dans l'état où elle se trouve. Elle est détériorée, elle a péri même : c'est pour le compte de la femme, sauf la responsabilité du mari, si la détérioration, si la perte sont arrivées par sa faute. — Quand, au contraire, la chose constituée en dot est devenue la propriété du mari, la dot consiste dans une créance de la femme contre son époux, toute détérioration, toute perte de la chose lui demeurent étrangères ; elle a, sans distinction, droit à l'exercice de sa créance. (1566.)

Lorsque la restitution est due en nature, elle est due à l'instant même où s'éteint le droit de jouissance et d'administration du mari ; peu importe que le mari, s'étant mis par sa faute dans l'impossibilité de restituer la chose elle-même, la restitution doive, en définitive, se résoudre en argent. Au contraire, lorsque la restitution de la dot doit s'effectuer par l'exercice de la créance dotale, la loi suppose que le mari n'a pas conservé en ses mains des capitaux improductifs et lui accorde un délai d'un an. (1564, 1565.) — Ce délai ne me semble pas applicable au cas de séparation de biens judiciaire : les juges seulement pourraient, en vertu de l'art. 1244, accorder au mari un délai de grâce. — Ce délai n'est pas applicable non plus au cas de faillite (1188); mais voyez les dispositions des art. 557 et suiv. du C. de Com.

Le délai fixé par l'art. 1565 peut être plus étendu par les conventions matrimoniales (1387).

La femme qui exerce l'action en répétition de sa dot doit en établir l'apport : à l'aide de quelles preuves pourra-t-elle établir cet apport? Si l'apport de la dot est constaté dans le contrat de mariage, là est la preuve la plus irréfragable. Les héritiers seuls du mari seraient recevables à combattre sa réalité, encore faudrait-il qu'ils se présentassent comme héritiers dont la réserve se trouve entamée par cette déclaration mensongère. Si la dot a dû être livrée au mari pendant le cours du mariage, la femme présentera la quittance qu'elle aura reçue de son mari; mais, comme il y aurait dans ces quittances un moyen trop facile pour violer la prohibition des avantages irrévocables entre époux, je crois que cette quittance pourrait être combattue par le mari lui-même. — La constitution de dot embrassait-elle les biens présents et les biens à venir? Quant aux biens présents, la femme ne peut établir son apport que par une preuve écrite, elle était à même de s'en procurer une : quant aux biens à venir, le mari doit en faire dresser l'inventaire et l'état; il ne peut y avoir faute de la part de la femme; peut-être serait-elle victime d'un abus de puissance; elle sera admise à invoquer la preuve tant par titre que par témoins et même par commune renommée. (*V.* 1415, 1504; mais rap. 557 et suiv. C. de Com.).

Enfin, quand il s'agit d'une constitution de dot faite par un tiers, il faut se reporter à l'art. 1569. — Si l'époque de la restitution de la dot arrive après qu'un délai de dix ans s'est écoulé depuis l'échéance du terme pris pour le payement de la dot, la loi dispense la femme ou ses héritiers de prouver que le mari a reçu la dot; mais en même temps elle réserve à ce dernier la faculté de se libérer en remettant à la femme l'action en payement et en justifiant de diligences inutilement faites. Bien entendu que, si même avant l'expiration du délai de dix ans l'exercice de l'action en payement de la dot était devenu inutile par la négligence ou la faute du mari, il en serait responsable. — Je n'applique l'art. 1569 qu'au cas où la dot a été promise par un tiers; comment admettrait-on la femme débitrice à s'en prévaloir? — Au reste, la disposition de l'art. 1569 ne modifie en aucune façon les relations du mari ou de la femme à l'égard du constituant : l'action en payement contre ce dernier ne peut s'éteindre que par la prescription trentenaire.

Les intérêts et les fruits de la dot à restituer courent de plein droit. (*Voy.* 1570 et 1571. *Voy.* inf.)

Ce pourrait être ici le moment de parler des garanties qui assurent la restitution de la dot ; mais cette matière se rattache aux hypothèques légales. V. art. 2121, 2135... — J'aperçois seulement au chapitre du régime dotal un texte abrogatoire d'un privilège plus qu'extraordinaire, descendu de la législation justinienne. (1572.)

Disons un mot des indemnités qui peuvent être dues au mari. — Le mari supporte les charges usufructuaires (1562) ; il est tenu des réparations d'entretien ; mais, s'il a payé de grosses réparations nécessaires, indemnité lui est due. Cette indemnité est toujours du montant de ses débours, lors même que la chose aurait péri avant la dissolution des conventions matrimoniales : il faut s'attacher à l'époque où les réparations ont été faites. — Si le mari avait élevé des constructions nouvelles, ou exécuté des travaux utiles au fonds dotal, le montant de l'indemnité qui lui serait due ne pourrait jamais excéder la plus-value procurée à l'immeuble, et pourrait ne pas atteindre la plus-value, si cette plus-value dépassait le montant des sommes qu'il aurait déboursées. — Enfin, si le mari avait fait des dépenses purement voluptuaires, il aurait uniquement le droit d'enlever tout ce qui, sans détériorer la chose dotale, pourrait être de quelque valeur pour lui.

C'est une question délicate que celle de savoir si le mari a le droit de retenir la dot jusqu'à ce qu'il ait été payé de l'indemnité qui lui est due. — Dans tous les cas où l'indemnité n'aurait pas pour principe des dépenses nécessaires, je serais porté à me prononcer contre le droit de rétention.

Du partage des fruits de la dernière année. — On connaît la règle générale en matière d'usufruit ordinaire ; l'usufruitier (en tant qu'il ne s'agit pas de fruits civils) ne fait les fruits siens que par la perception, d'où l'on a décidé qu'à l'extinction du droit d'usufruit tous les fruits non perçus appartiennent au nu propriétaire. (585.) Cette règle, malgré le caractère du droit concédé à la communauté sur les propres des époux, malgré que ce droit ait pour but de satisfaire aux charges du ménage, a été suivie par le législateur sous le chapitre de la communauté, sauf une exception littérale relative aux coupes de bois (1403) ; elle doit être suivie aussi sous tous les régimes de communauté conventionnelle, et même sous le régime sans communauté. — La dot, sous le régime dotal, n'a pas une destination différente de la dot sous le régime de la communauté pure et simple, modifiée ou exclue, et il semble que les lois eussent pu accepter une marche uniforme : cependant il n'en a pas été ainsi. Le régime dotal, admis au sein du Code civil, était une concession aux mœurs des pays méridionaux de la France ; ces pays avaient reçu ce régime du droit romain ; l'héritage devait se produire dans nos lois modernes avec ses particularités. — Si la dot a la même destination sous tous les régimes, il faut en convenir, cette destination est plus étroite, plus fortement caractérisée sous le régime dotal. La pensée dominante ici, c'est qu'avec l'obligation doit s'éteindre le droit ; c'est que fruits des biens dotaux et charges du mariage sont liés l'un à l'autre, qu'il y a corrélation entre eux, et qu'enfin, si la totalité des charges affecte la totalité des fruits, une portion n'en peut affecter qu'une portion correspondante. — Partons donc de cette pensée pour bien apprécier la disposition de l'art. 1571.

Art. 1571. « A la dissolution du mariage, les fruits des « immeubles dotaux se partagent entre le mari et la femme ou « leurs héritiers, à proportion du temps qu'il a duré pendant « la dernière année. — L'année commence à partir du jour où « le mariage a été célébré. »

A la dissolution du mariage, dit le texte ; cependant la disposition de l'art. 1571 s'applique aussi au cas de séparation de corps et de biens, ou de biens seulement. — Remarquez encore que le dernier alinéa : *L'année commence*, etc., n'admet aucune distinction.

Les fruits civils échoient jour par jour ; la répartition se fait d'elle-même. Les fruits naturels ou industriels ne s'acquièrent, au contraire, que par masse, en les percevant, et généralement à des époques périodiques ; mais leur total net planant, pour ainsi dire, sur l'année entière, la répartition est encore facile : s'il y a des difficultés grandes, c'est lorsque divers modes d'exploitation ont été combinés, lorsque le cours des saisons a avancé ou retardé les récoltes, lorsque enfin la périodicité, non pas annuelle, mais quinquennale, je suppose, rend impossible l'application textuelle de l'art. 1571.

Ainsi c'est un bois mis en coupes réglées, qui a été constitué en dot, la coupe se fait tous les cinq ans, comment appliquer l'art. 1571? Je crois que l'on méconnaîtrait complétement l'esprit de la loi si on voulait calculer strictement par années, car une seule, sur cinq, apporterait des fruits pour les charges du mariage, et cela est inadmissible : il y a le produit de cinq années dans cette unique récolte ; il y a dans cet ensemble de fruits un total de revenus destiné à satisfaire, pendant cinq ans, aux charges de l'association conjugale. On devra donc diviser cet ensemble par cinquièmes, affecter un cinquième à chaque année qui s'est écoulée depuis la célébration du mariage, et arriver ainsi à une application raisonnable de la lettre même de la loi. On attribuera, par exemple, au mari un tiers ou une moitié d'un cinquième, si, pendant la dernière année à laquelle correspond ce cinquième, il a supporté les frais du ménage pendant quatre ou six mois : peu importe, du reste, à quel instant a eu lieu ou aura lieu la coupe pendant la période de cinq ans, dans laquelle on se trouve, à partir de la célébration du mariage.

On peut exploiter un immeuble dotal par soi-même, le faire valoir ou le donner à ferme à un tiers : dans le premier cas, on recueillera des fruits naturels ou industriels ; dans le second, on recueillera des fruits civils. Je suppose que le mariage ait été célébré le 1er septembre ; l'immeuble dotal était un vignoble ; on a fait la vendange, puis, au mois de décembre, on a loué l'immeuble ; le mariage se dissout le 1er février ; la masse formée, elle se partagera par moitié entre le mari et la femme ou leurs héritiers : mais comment former cette masse (1)?

---

(1) Question semblable : l'immeuble devait produire diverses sortes de fruits se récoltant à des époques différentes, c'est, par exemple, un immeuble couvert de fourrages, de moissons, d'arbres fruitiers : la récolte des fourrages est achevée; avant la récolte des moissons et des fruits on loue l'immeuble, puis le mariage se dissout après avoir duré six mois, ou après que la moitié de l'année dans laquelle on se trouve est écoulée, comment composer la masse?

Faut-il non-seulement comprendre dans sa formation la vendange, mais encore les trois quarts du prix du bail, s'il a duré
neuf mois pendant la dernière année du mariage? — Je ne le
pense pas : un pareil système conduirait à une iniquité mar-
quée, et me paraît en contradiction avec la pensée intime de la
règle tracée par l'art. 1571. En effet, si le vignoble n'avait pas
été loué après la vendange, que serait-il arrivé? La vendange
seule eût été affectée aux charges de l'année tout entière, à partir de la célébration du mariage, sans qu'il y eût lieu de distinguer si cette vendange avait été faite au commencement, au
milieu ou vers l'expiration de l'année, et la vendange suivante
eût été affectée complétement aux charges de l'année suivante.
Or il me semble que, par aucun moyen que ce soit, les époux
ne doivent pouvoir porter atteinte à cette affectation ; trop de
fraudes deviendraient faciles. Quand, après la vendange, le vignoble a été loué, la valeur représentative du prix de bail, c'é-
taient les fruits futurs, c'est-à-dire la vendange prochaine,
affectée, je le répète, aux charges de l'année dans laquelle elle
devait être faite : le prix de bail qui la remplace doit avoir la
même affectation.

Le mari, dans notre hypothèse, aurait droit à la moitié de la
vendange, et ne pourrait rien réclamer du prix de location de
l'immeuble, attendu que ce prix se répartit sur une année, pendant laquelle aucune charge matrimoniale ne pèsera sur sa tête.
On ne saurait objecter que la masse doit se composer de tous
les revenus de l'année, et que, d'après les règles sur l'acquisition
des fruits naturels et industriels, et sur celles des fruits civils,
ces revenus embrassent tous les fruits qui ont été perçus, et,
d'autre part, tous ceux qui sont échus ; car ces règles, sous notre régime, ont fléchi devant une idée fondamentale d'équité et
de corrélation entre les produits des biens dotaux et les charges
de l'association conjugale ; car le législateur a déclaré que les
années se comptent du jour du mariage à l'anniversaire, si bien
qu'il n'y a pas lieu de s'enquérir ni de l'époque de la perception,
ni de l'époque de l'échéance. Tous les fruits se classent par années, et chaque masse, sans distinction de fruits naturels, industriels ou civils, s'étend également sur chaque partie de l'année entière. La classification par années ayant pour point de

départ la célébration du mariage, l'échéance ou la perception d'une année sur l'autre, qu'elle ait pour cause le fait des époux ou un fait accidentel, ne peut pas rompre la classification de la loi; elle ne sera pas prise en considération, et les fruits échus seront reportés à la masse de l'année aux charges de laquelle ils avaient été destinés.

J'ai dit que le mari n'a aucun droit au prix du bail; il faut appliquer cette solution avec discernement, et, par exemple, elle ne devrait pas être étendue d'une manière absolue au prix de bail provenant de la location de biens dotaux qui produiraient diverses espèces de fruits se percevant à des époques différentes, à moins que le contrat n'eût été passé après la récolte de tous ces fruits. En effet, le prix de bail serait la valeur représentative d'une partie des fruits de l'année présente, de ceux non perçus, et d'une partie des fruits de l'année qui doit suivre, en sorte qu'il y aurait lieu à déterminer cette relation, et le prix de bail devrait entrer dans la masse des revenus de l'année pour la quotité correspondante aux fruits qui devaient encore être perçus pendant son cours (1).

Je puis être bref sur la marche qui doit être suivie quand le cours des saisons a dérangé l'époque ordinaire des récoltes. S'il arrive qu'un temps favorable avance l'époque d'une récolte d'une année sur l'autre, elle n'en doit pas moins rester absolument étrangère à l'année pendant laquelle elle aura été perçue, et ne compter que dans la masse des revenus de celle pendant

____

(1) A l'aide des mêmes principes on résoudra cette autre hypothèse : Quand le mariage a été célébré, l'immeuble dotal était loué, par exemple, 6,000 fr. par an, le bail expire quatre mois après; l'époque de la récolte arrivera plus tard, avant que l'expiration de l'année soit accomplie, la masse des revenus de l'année se composera-t-elle du tiers du prix du bail et en outre de la totalité de la récolte? Je pense qu'il faut toujours s'attacher à l'affectation primitive : l'expiration ou la non-expiration du bail ne doit pas la changer. — On suivrait aussi la même marche si à l'expiration du bail une partie des fruits et non la totalité restait encore à recueillir; mais il faudrait avoir soin de comparer la valeur de cette partie à la valeur des fruits déjà récoltés par le fermier, et puis aussi à la durée du bail depuis le mariage ou l'anniversaire de sa célébration.

le cours de laquelle, régulièrement, elle eût dû être faite. — De même si une saison mauvaise a retardé d'une année sur l'autre la maturité des fruits de l'immeuble dotal. — Mais il ne faut pas confondre ces hypothèses avec les cas où, par exemple, une année ayant été stérile, la suivante apporterait des moissons abondantes ; il y aurait eu alors une année de disette et de privations ; il y aurait ensuite une année de richesse et de bonheur. Il est impossible de ne pas considérer ces deux années comme complétement séparées ; elles le sont d'après la loi et d'après les faits, il faut bien se résoudre aux conséquences, quelque regrettables qu'elles puissent paraître.

Un mot sur une question qui offre de l'intérêt. A l'instant où le mariage est célébré, les moissons sont mûries, la récolte va se faire, la valeur de la récolte entière sera-t-elle diminuée par les frais de labours et de semence qui ont été faits par la femme avant le mariage ? *Quid* aussi si le mariage vient à se dissoudre après que tous les frais nécessaires pour les récoltes de l'année suivante ont été faits par le mari ? Je pense que, dans cette seconde hypothèse, le mari a droit à une indemnité, car ces frais étaient une charge des fruits futurs, ils ont été faits en contemplation de ces fruits, et en accomplissement d'une obligation qui semble une charge de l'année qui allait s'ouvrir, et des récoltes qui devaient être recueillies dans cette année. Dans la première hypothèse, j'éprouve beaucoup plus de doutes. On peut dire que les frais faits avant le mariage n'en ont jamais pu être considérés comme une charge ; on peut dire encore que, s'il est vrai qu'ils aient été déboursés en vue des fruits futurs, ils ont été embrassés dans la constitution en dot de l'immeuble, constitution qui l'a saisi dans l'état où il se trouvait.

Droits de viduité. — Art. 1570, deuxième alinéa. « Si le « mariage est dissous par la mort du mari, la femme a le choix « d'exiger *les intérêts de sa dot*, pendant l'an du deuil, ou de se « faire fournir des aliments pendant ledit temps aux dépens de « la succession du mari ; mais, dans les deux cas, l'habitation « durant cette année, et les habits de deuil, doivent lui être « fournis sur la succession et sans imputation sur les intérêts « à elle dus. »

La femme n'aurait pas le choix qui lui est laissé par la prenière partie de l'art. 1570, si la dot, se composant d'immeubles et de créances, elle prétendait jouir des fruits de ses immeubles et n'abandonner que les intérêts de ses créances peut-être fort minimes. Le texte semble muet sur cette hypothèse, mais il ne donne le choix qu'entre l'abandon *des intérêts de la dot* et les aliments; or, si le mot *intérêts* est restreint en général, il paraît dans l'art. 1570 avoir un sens étendu, puisque cet article parle des *intérêts de la dot*. J'ajoute que l'équité répugnerait à ce que la femme pût réclamer à la fois des aliments et les fruits de ses immeubles.

DES BIENS PARAPHERNAUX.

En parlant de la constitution de dot, j'ai dit que les biens seuls qui ont été constitués en dot sont dotaux, que tous les autres sont paraphernaux; c'est la disposition textuelle de l'art. 1574. Je n'ai que peu de développements à présenter.

La jouissance et l'administration des biens paraphernaux appartiennent à la femme; inutile de rappeler qu'il s'agit d'une jouissance entière, d'une administration large. (1576, premier alinéa.) — L'ancien droit allait plus loin et reconnaissait à la femme la libre disposition de ses paraphernaux; le législateur moderne a pensé avec raison que suivre les errements de l'ancienne jurisprudence à cet égard eût été porter atteinte à la puissance maritale. (V. 217, 223.) L'art. 1576, deuxième alinéa, a donc abrogé en termes formels cet ancien droit, et toute clause qui tendrait à le faire revivre serait nulle comme contraire à l'ordre public. (1388, 217, 223, 1576, deuxième alinéa, 1538.)

J'ai expliqué l'art. 1575 en traitant du régime de séparation de biens.

J'ai expliqué aussi les articles 1577, 1578 et 1579; cependant j'ajouterai quelques mots. Ces articles tracent des règles différentes selon que le mari a joui des paraphernaux, *avec mandat et charge de rendre compte, ou sans mandat, mais sans opposition, ou enfin malgré l'opposition constatée de la femme.* — Le mari a eu la jouissance des paraphernaux, en vertu d'un mandat de son épouse, ce mandat ne contenait pas la charge de rendre compte, appliquerons-nous l'art. 1577 ou l'art. 1578 ? Je pense qu'il faut appliquer l'art. 1578. *Inter personas conjunctas res non sunt amare tractandæ.* L'art. 1577 n'impose au mari l'obligation de rendre compte que si le mandat contient cette charge ; enfin on peut voir assez exactement un mandat tacite dans l'hypothèse prévue par l'art. 1578, et le mandat exprès doit naturellement produire les mêmes effets. Si le texte, en effet, dit *sans mandat, mais sans opposition*, etc., ces expressions ne peuvent-elles pas se traduire ainsi : *sans mandat exprès, mais etc.....* ?

L'art. 1579 suppose que le mari a joui des paraphernaux, malgré l'*opposition constatée* de la femme ; l'opposition ne peut-elle être constatée que par un acte d'huissier ? Cette voie est assurément la plus sûre, mais il me semble que l'exiger impérieusement serait aller trop loin, et manquer à la protection que l'on doit à la femme contre l'abus que le mari peut faire de son autorité. Les magistrats examineront attentivement quelle a été la conduite de la femme, quelle a été celle du mari, et s'il est établi, par des faits certains, que la femme a courbé la tête malgré elle devant une puissance à laquelle elle n'a pu se soustraire, il y aura opposition constatée ; l'art. 1579 sera applicable.

Quand le mari jouit des biens paraphernaux, il est tenu de toutes les obligations de l'usufruitier. (1580.)

QUESTIONS.

1. Lorsque le futur conjoint majeur a appelé à la rédaction première de ses conventions matrimoniales les personnes dont le consentement lui est indispensable pour le mariage, ces personnes doivent-elles être considérées comme ayant été *parties* au contrat (*v.* 1396)? Je ne le crois pas.

2. *Régime sans communauté.* — Le mari peut-il aliéner le mobilier qui est demeuré la propriété de la femme? Non.

3. L'immeuble acquis par la femme et son mari est-il présumé appartenir au mari? Non. — Est-il présumé acquis de deniers fournis par le mari? Non.

4. Quels sont les droits des créanciers de la femme, lorsque leur titre a date certaine antérieure au mariage? — Quels sont les droits des créanciers envers lesquels la femme s'est obligée pendant le mariage soit avec l'autorisation de son mari, soit avec l'autorisation de justice? — Quels sont les droits des créanciers de successions qui viennent à échoir à la femme? — Des distinctions sont nécessaires. *Consult.* 1410, 1413, 1416.

5. *Séparation de biens.* — Le créancier porteur d'une obligation consentie par la femme sans l'autorisation de son mari ou de justice, et pour une cause étrangère à l'administration de ses biens,

peut-il poursuivre son payement sur le mobilier qui appartient à la femme? Non.

6. La femme autorisée par son contrat de mariage à aliéner *tel de ses immeubles* est-elle dispensée, lorsqu'elle voudra réaliser cette aliénation, d'obtenir itérativement l'autorisation de son mari ou de justice? Non.

7. *Régime dotal.* — La garantie de la dot est due au mari; est-elle due aussi à la femme dotée? Oui.

8. Lorsque la femme ne s'est pas constitué en dot ses biens à venir, les donations qui lui sont faites pendant le mariage peuvent-elles devenir dotales en vertu de la condition apposée par le donateur? Non. — Lorsque la femme s'est constitué en dot ses biens à venir, le donateur peut-il, au contraire, apposer la condition que le bien donné sera paraphernal? Oui.

9. La constitution en dot des biens à venir comprend-elle les biens qui échoient à la femme après la dissolution du mariage? Non.

10. L'art. 1549, deuxième alinéa, s'oppose-t-il absolument à ce que la femme, dûment autorisée, puisse exercer les actions pétitoires relatives à sa dot? Non.

11. Le mari peut-il procéder seul au partage définitif des biens dotaux? Je ne le pense pas.

12. Le partage des biens dotaux peut-il être fait à l'amiable? Oui.

13. La dot mobilière est-elle inaliénable? Non.

14. Les fruits futurs de l'immeuble dotal sont-ils inaliénables? Oui, en général.

15. « Art. 1558. L'immeuble dotal peut être aliéné... pour « payer les dettes de la femme, ou de ceux qui ont constitué « la dot lorsque ces dettes ont une date certaine *antérieure au* « *contrat de mariage.* » Quelle est l'étendue de cette disposition? — Notamment ne faut-il pas, quant aux dettes de la femme, entendre le texte en ce sens qu'il suffit qu'elles aient une date certaine *antérieure au mariage?* Je le pense.

Les créanciers de la femme, avec date certaine antérieure au mariage, pourraient-ils agir, en respectant les droits du mari, sur l'immeuble dotal donné par un tiers? Je ne me prononce pour l'affirmative qu'avec une grande hésitation.

17. L'acheteur est-il garant de l'accomplissement des conditions sous lesquelles l'aliénation de l'immeuble dotal a été permise? Oui.

18. Comment s'applique l'art. 1571 aux cas où divers modes d'exploitation ont été combinés, où le cours des saisons a avancé ou retardé les récoltes, où enfin la périodicité des récoltes n'est pas annuelle, mais, par exemple, quinquennale? *Voir* p. 75 et s.